四特 教育系列丛书 SITEJIAOYUXILIECONGSHU

U0577213

卓越教师

《"四特"教育系列丛书》编委会 编著

吉林出版集团股份有限公司

全国百佳图书出版单位

图书在版编目（CIP）数据

卓越教师／《"四特"教育系列丛书》编委会编著．
—长春：吉林出版集团股份有限公司，2012.4
（"四特"教育系列丛书／庄文中等主编．教师全方位
修练）
ISBN 978-7-5463-8763-5

Ⅰ.①卓… Ⅱ.①四… Ⅲ.①中小学－教师－修养
Ⅳ.① G635.16

中国版本图书馆 CIP 数据核字（2012）第 046106 号

卓越教师

ZHUOYUE JIAOSHI

出 版 人	吴　强	
责任编辑	朱子玉　杨　帆	
开　　本	690mm×960mm　1/16	
字　　数	250 千字	
印　　张	13	
版　　次	2012 年 4 月第 1 版	
印　　次	2023 年 2 月第 3 次印刷	

出　　版	吉林出版集团股份有限公司
发　　行	吉林音像出版社有限责任公司
地　　址	长春市南关区福祉大路 5788 号
电　　话	0431-81629667
印　　刷	三河市燕春印务有限公司

ISBN 978-7-5463-8763-5　　　　　定价：39.80 元

版权所有　侵权必究

前　言

学校教育是个人一生中所受教育最重要的组成部分,个人在学校里接受计划性的指导,系统地学习文化知识、社会规范、道德准则和价值观念。学校教育从某种意义上讲,决定着个人社会化的水平和性质,是个体社会化的重要基地。知识经济时代要求社会尊师重教,学校教育越来越受重视,在社会中起到举足轻重的作用。

“四特教育系列丛书”以“特定对象、特别对待、特殊方法、特例分析”为宗旨,立足学校教育与管理,理论结合实践,集多位教育界专家、学者以及一线校长、老师们的教育成果与经验于一体,围绕困扰学校、领导、教师、学生的教育难题,集思广益,多方借鉴,力求全面彻底解决。

本辑为“四特教育系列丛书”之《教师全方位修炼》。

教师的职业是“传道、授业、解惑”,教师的职责是把教学当成自己的终生事业,用“爱”塔起教育的基石,用自己的学识及人格魅力,点燃学生的兴趣,促进学生的健康、快乐成长。

俗话说:“教师不能半桶水。”学生专业知识水平的高低,很大程度上受老师知识水平的制约,如果教师在教学中对教材分析不透,对知识重点把握不准,要点讲解不清,那么学生听过他的课就会产生一种模糊的收获不大的感觉。因此教师必须知识广博,语言丰富,学生才能学到真正的知识。本书从新世纪、新时代经济和社会发展的要求出发,从理论与实践的结合上,对新世纪教师素质及其修养的一系列问题,做了比较全面、系统、深入的阐述。应当说,这是一项十分有意义的工作。

本辑共20分册,具体内容如下:

1.《师魂》

教师被人们称为“人类灵魂的工程师”,担负着传授知识、传承文明、培养人才、提高民族素质的光荣任务。教师的最高境界需要“忙人之所闲,闲人之所忙”,从有到无,从无到有;从看教育是教育,到看教育不是教育,再到看教育还是教育,这就是对教育的最大贡献,让人的精神生活世界有生机、有活力、有智慧。

2.《以礼服人》

作为教师,我们要正确领会礼仪、礼貌、礼节、仪式和教师礼仪的概念,领会礼仪的地位和作用,掌握教师礼仪的原则、方法,坚持科学发展观,为构建社会主义和谐校园而奋斗。教师的一举手一投足,甚至一颦一笑,都蕴含着教育的力量。本书从教师的个人形象、教师的服饰、教师的语言、师生关系礼仪、教师与家长沟通礼仪、同事共处礼仪、集会礼仪和社会交往礼仪等方面,系统阐述了教师礼仪的一些基本常识。

3.《教师的一生修炼》

本书将重点探讨如下诸方面的理论与实务:职业规划——自我实现的教育生涯、如何设计职业生涯、职业发展规划行动、教师入职与离职规划、新教师角色适应规划、教师专业发展规划、校长成长规则、职场诊断与修炼、潜能开发以及享受学习化教育生活等。

4.《育人先做人》

教师是学生智慧的启蒙者,学生未来的引领者。教师的质量决定了教育的质量。教师的品质决定了教育的品位。教师人格的完善能够提升教育的水准。教育职业对教师人格提出了严格的要求:在教师自身的人格教育中不断提升自我,完善人格。人格教育是一生的工作,提升自我、完善人生会伴随一个人一生的历程。

5.《教育语言随心用》

本书内容涵盖了教学语言艺术和教育语言艺术训练的方方面面。从宏观综论到微观剖析,从课堂艺术到辅导艺术,从艺术对话到精彩演讲,从个性张扬到群体发展,从全体教育到特殊教育,质朴无华,内容充实,观点鲜明,为教师深入研究和准确使用教学语言和教育语言提供了可以借鉴的经验。

6.《师者无敌》

本书编写的基本理念是:从内容构架而言,以促进教师对自身职业的理解为基础,以增进教师职业人生的完善为基本目标,以启发、引导的方式来促进教师德性的自主形成;从编写形式而言,力求摆脱单一的理论说教,从当代教师职业生活实际出发,抓住主要问题,采取生动、灵活的语体形式,把精要的论述与典型的事例结合起来,注重该书的可读性。

7.《教师的信仰》

职业精神是教师不可缺失的最本质的东西。一个教师能不能成为好教师、名教师,关键是有没有职业道德,有没有职业精神。今天的教育,缺的不是楼房,而是文化与技术;缺的不是理念,而是行为与操作;缺的不是水平,而是责任和精神。教育的希望,在于教师良心的回归、精神家园的重建。只要有了良好的精神状态,我们就有战胜任何困难的勇气,就有奋然前行的动力。

8.《看透学生的心理》

学生的心理困惑从何而来?概括来说就是一"高"一"低":高,学生是个承载社会、家长长期望值的群体,自我成才欲望非常强烈;低,其心理发展尚未成熟,缺乏社会经验,适应能力较差。正是这欲望与不能之间的矛盾造成了学生的心理问题。我们编写了本书,是期望引导老师与青少年共同克服这一难题,去打开人生的成功局面。

9.《卓越教师》

突出骨干教师的培训,既是加强中小学教师队伍建设的当务之急,又是提高教师质量的长远之计。本书在编写上提倡以培训学科带头人为目标,以现代教育思想、现代教育技术、特级教师的学术报告以及当前教改的热点问题为研究内容，源于实践又高于实践，可用做骨干教师的培训教材，也可用于普通教师的自我阅读与提高，以期使教师在不长的时间内达到或接近特级教师的水准，成为学科带头人。

10.《与学生打成一片》

如何做最受学生欢迎的老师，是每个老师都要思考的问题，也是每个老师都希望的，学校的课程很多，语文、数学、英语、科学、音乐、美术、体育等等，每门学科都有自身的特点，每个学生都有自己的喜好，我们都能真正做到让每个学生都欢迎吗？本书将教会教师们怎么样靠自己的才能和高尚的品德赢得学生的喜欢和尊重，让每一个教师都能成为受学生欢迎的教师。

11.《培养教师爱岗敬业精神》

本书从教师的角度，阐述了教师爱岗敬业所带来的深刻变化，介绍了如何爱岗敬业的途径和方法，从勇于负责、乐于服从、热情专注、自动自发、团结协作、勤奋努力、敢于创新、节俭高效等方面，结合大量教育实例和人生哲理，向广大教师提出了爱岗敬业的崇高理念和修炼方法，期盼每一个教师都能从中受益。

12.《教师职业道德与素质培养》

当前，各级教育行政部门和社会各界都非常关注师德建设，师德教育已经被列为教师继续教育的重要内容之一。本书以专题研究为主线，以典型的案例及案例分析为依托，从教师工作、生活实际出发设置情境、提出问题，突出师德教育的操作性和实效性。本书将适应新世纪对教师职业道德建设的需求，该书也适用于在校师范生以及申请教师资格者学习。

13.《教师怎样提升教学质量》

每位教师的心里都有一个美好的心愿，那就是都想使自己的教学质量得到最大程度的提高。众所周知，教学质量是一个学校的生命线，如何提高教学质量是我们每一位教师时刻都在研究、都想努力做好的一件事。要让教育不平凡，出路就在于能突破平常很容易被封闭的平庸局面。优秀的教师，会善于用智慧慢慢凿开通向教育风景的出口。

14.《教师快乐工作指导》

教师工作细致而繁琐，教师不仅要组织好各种教育教学活动，还要保证学生的身心安全。长期的忙忙碌碌、精神高度集中，教师容易产生麻木、倦怠、疲劳的职业状态。为使教师们消除职业倦怠，学会快乐地生活，愉快地工作，需要多渠道支持帮助教师们进入积极健康的工作和生活状态，从心理、物质和精神上给予帮助和支持，让教师感受到集体的关怀和温暖。

15.《教师工作减压指导》

当教师很累，这已经是所有中小学教师共同的感受。中小学教师劳动强度很大，长此以往，就很容易使教师患上疲劳综合症，导致未老先衰，甚至英年早逝的恶果，对教育的可持续发展和教师队伍的稳定十分有害。中小学教师的过劳问题应当引起政府有关部门的高度重视，以人为本的科学发展观要落到实处，不要仅仅停留在口头上。作为教师个人，我们不要只等待有关部门的措施，必须想方设法给自己"减压"，以防被疲劳综合症缠身。

16.《教师文娱活动指南》

与家人、朋友一起开开心心消费课外时间与星期天，使身心从工作中彻底解脱出来，得到完整的休整，全面地恢复。要知道工作是永远干不完的，是没有最好的。我们需要多看到一些明天的太阳，让照亮别人的蜡烛燃烧得时间更久、更久……

17.《教师心理健康指南》

随着竞争愈来愈激烈，教师的工作节奏日趋紧张，精神上容易产生巨大压力，精神上和身体上的超负荷状态对健康是非常不利的。如果不注意休息和调节，中枢神经系统持续处于紧张状态，会引起心理过急反应，久而久之可导致交感神经兴奋增强，内分泌功能紊乱，产生各种身心疾病。本书力图从教师职业发展的实际需求出发，注重必要的理论引领与生动的案例分析相结合，突出专业性、应用性、操作性、可读性，可为广大中小学教师培训、自学提供借鉴，也可为高校相关专业的学生的学习、研究提供参考。

18.《教师怎样进行教学改革创新》

立足素质教育的学理，探析课堂教学的变革，反思课堂教学实践，重新审视素质教育理论，正是在实践和理论的互动中探讨我国教育的现实与未来。

19.《从历代名著中学习教育思想》

撷取世界知名教育家在世界教育史上具有重大影响和学习价值的教育名著进行选读。每位教育家及其著作均有作者简介、成书背景、内容精要、名著选读等内容。本书结合这些教育名家的成长经历，阐述了不同名著的理论内容和实践特色，批判继承了中外历史上进步的教育思想，对于提高读者的教育理论素养，提升教育工作者的教学水平和创新能力具有一定的借鉴意义。

20.《向教育名家学习教育智慧》

着重介绍当代教育家的教育思想。中国是一个教育大国，理应对全人类的教育作出自己的贡献。在两千多年的历史文明进程中，中国也确实不断为世界教育的进步贡献自己的教育思想、教育制度和教育智慧。新中国成立以来，尤其是改革开放以来，中国教育发生了深刻变化，取得巨大成就，同时，也不断涌现出新的教育思想、新的改革成就和新时代的教育家。我国一大批教育专家学者上下求索、大胆实践，为教育发展出谋划策，为教育改革殚精竭虑。他们的学术思想和教育实践直接推动了我国的教育改革与发展，并将对今后的教育实践与研究继续产生深刻影响。

由于时间、经验的关系，本书在编写等方面，必定存在不足和错误之处，衷心希望各界读者、一线教师及教育界人士批评指正。

编者

目　录

骨干教师的概念和类型

我国社会主义市场经济不断发展,教师职业化程度也不断地提高,这必将给广大教师的专业化发展带来难逢的机遇和严峻的挑战。教育是面向未来的事业,教育自身的发展需要一大批能承前启后的骨干教师。那么,什么是骨干教师?他们又可分为哪些类型呢?这是我们首先要弄清楚的问题。

一、骨干教师的概念

我国的一千多万中小学教师承担了世界上规模最大的基础教育任务,从总体上来讲,他们都是很优秀的。而从近距离来看,我们常常把在一定范围的教师群体中那些职业素质相对优异、在教育活动中发挥了骨干作用的教师称为骨干教师。他们是教学质量得到保证的中坚力量,是引导广大教师前进的旗帜。所谓职业素质相对优异,是指包括职业道德、教育思想观念、专业知识与能力、教育能力、个性心理品质等几个方面的素质都在一般教师水平之上;所谓发挥了骨干作用,是指在教育教学中发挥了其优异素质,取得了较突出的成绩。如:坚持正确的政治方向,热爱人民的教育事业,自觉贯彻党的教育方针;具有比较完美的人格,健康的审美情趣,理性态度和务实精神;充满创新精神和改革意识,教书育人,为人师表。在培养学生良好的道德品质,调动学生学习积极性,使之学会学习、学会创造等方面教学艺术高超、教学效果显著;建构信息时代全新的教育和教学观念,具有深厚的学科教育素养、教育专业化的知识和理论、进行教育科学研究的能力;了解本学科的教育科研动态,熟悉国内外教学理论与实践的最新成果,有较强的学科教学或教育实践能力;能独立主持高水平的教育科学研究,善于把实践经验升华为理论,科研成果丰硕;治学严谨,教学具有科学性和艺术性;能在自己所在地区或学校的教育教学改革中,发挥积极的带头、示范和辐射作用。

二、骨干教师的类型

在骨干教师这个群体中,他们是有类型之别的。

(一)从年龄角度来看

解放以后培养的教师中,存在着三个不同年龄段的骨干教师:57岁以上者我们称之为"第一代骨干教师",56～36岁者我们称之为"第二代骨干教师",35岁以下者我们称之为"第三代骨干教师"。由于不少地方的重视,已有不少新一代骨干教师出现,他们大多在30～25岁及以下。

(二)从发挥骨干教师的作用角度来看

从这一角度,骨干教师可以分为"全面型"和"专长型"两大类。

1."全面型"骨干教师

"全面型"骨干教师是指素质全面、结构协调的骨干教师。

"全面型"骨干教师素质结构的特点,决定了他们在教育教学工作中发挥着明显的支撑和表率作用。

虽然,在他们的素质结构中,德才兼备,人品与能力俱佳,但有时可能个性、风格、特殊性不那么突出或明显。

2."专长型"骨干教师

"专长型"骨干教师是指素质偏于某些方面,不够全面的骨干教师。专长型又分别表现在教学和教育科研两方面。

*(1)教学专长型。*教学专长型骨干教师的素质结构中,教学能力最突出。这种类型的骨干教师在一定行为规范的基础上,将自身调节机制的重点放在教育活动的控制执行环节上,直接影响活动的进行及活动目标实现的水平。因此教学专长型骨干教师的素质结构中,突出的要素是能力,其他要素作为补充和保证。

他们的认识能力、设计能力、传播能力、组织能力、交往能力十分出色,依靠这些突出的能力,他们在教育活动的动态结构中,有效地调节执行环节——教学过程,使教育活动的定向环节中提出的目标高水平地实现。

但是,在他们的素质结构中,与能力要素相比,品德要素和教育科研要素相对薄弱,三个要素发展不平衡。

（2）教育科研型。教育科研型骨干教师的素质偏重于知识与思考能力。他们往往具有符合自身条件的动态知识结构,他们除具有扎实的专业基础知识外,广泛吸收哲学和系统科学知识、教育学和心理学知识以及其他学科的文化知识。

他们大都形成了适合自身的开放的思维系统,善于从科学的批判精神出发,对事物进行不带偏见的理性思考。

他们视野广阔,十分关注社会发展潮流和趋势,推崇新思想、新思维、新道德、新观念,善于站在社会发展的角度思考教育,使自己所持的教育思想、教育观念与社会发展的大趋势相吻合。他们善于思考,善于总结,写作能力较强。

教育科研型骨干教师的素质结构中,突出的要素是知识,其他要素作为补充,保证他们能够在教育活动中提出高水平的目标,有利推动教育教学的改革和发展。

但是,他们开放的思维系统、批判的思维精神的负面效应使他们的调节机制稳定性不够,容易受环境、条件的影响,产生一定的起伏。

（三）从骨干教师的管理层级来看

它可分为学校级、乡（镇）级、县（市）级、地（市）级、省级、国家级等类型。目前前四级骨干教师都已经出现,国家级骨干教师培训已做过一轮。

（四）从目前基本通用称号角度来看

它可分为优秀青年教师、学科带头人、首席教师、特级教师等几个类型。

附:

某市这几类骨干教师所应具备的条件

一、优秀青年教师

（一）资格条件

1. 申请优秀青年教师,年龄不超过35周岁,且教学教研工作年限满3年。

2. 申请人持有与任职学段、学科相应的《中华人民共和国教师资格证书》。

3. 具有班主任或少先队辅导员工作经历。

4. 近3年年度考核至少有一次"优秀",其余为"合格"。

5. 服从骨干教师交流及调配。

(二)基本条件

1. 拥护中国共产党,热爱教育事业,坚持四项基本原则,认真学习邓小平理论和江泽民"三个代表"重要思想,努力学习和践行"八荣八耻"社会主义荣辱观,全面贯彻执行党的教育方针,一贯履行模范教师职责。

2. 师德高尚,在教育教学工作中严格遵守教师职业道德规范;依法执教、爱岗敬业、热爱学生、严谨治学、团结协作、尊重家长、廉洁从教、为人师表。

3. 教育思想端正,具有一定的教育理论水平。

4. 熟悉从事学科(专业)的课程标准、教材,具有一定解决教学疑难问题的能力。

5. 在教育教学领域中具有创新意识,举行过片(校)以上公开课、示范课、观摩课,获得过区以上优秀课评比等级奖,教育教学效果好,质量经学校综合测评为优秀,得到同行和学生好评,有进一步培养和发展的潜能。

6. 具有一定的教育教学研究能力,有教育教学经验,科研论文在一定范围内进行交流或获奖。

二、学科带头人

(一)资格条件

1. 申请市(区)学科带头人,原则上是市(区)优秀青年教师,必须具有中学高级教师(高级讲师)或小学高级教师任职资格,年龄男性不超过50周岁,女性不超过45周岁,特别优秀者年龄可适当放宽。

2. 申请人持有与任职学段、学科相应的《中华人民共和国教师资格证书》。

3. 具有班主任或少先队辅导员工作经历。

4. 近3年年度考核至少有一次"优秀"，其余为"合格"。

5. 服从骨干教师交流及调配。

(二)基本条件

1. 拥护中国共产党，热爱教育事业，坚持四项基本原则，认真学习邓小平理论和江泽民"三个代表"重要思想，努力学习和践行"八荣八耻"社会主义荣辱观，全面贯彻执行党的教育方针，一贯履行模范教师职责。

2. 师德高尚，在教育教学工作中严格遵守教师职业道德规范；依法执教、爱岗敬业、热爱学生、严谨治学、团结协作、尊重家长、廉洁从教、为人师表。

3. 具有现代教育观念和较强的创新意识，在教育教学工作中努力探索、积极推进素质教育；在提高教育教学质量，促进全体学生全面发展等方面，取得公认的、较长期的、较大面积的成效；或者在某一方面取得非常突出、有特色的成就。

4. 教育思想端正，教学方法正确，教学经验丰富，并形成一定风格和特色。实验操作能力和处理教学中疑难问题的能力较强，对学生的学习指导得当，能有机结合教学开展课外活动，培养学生的思维能力和创造能力，使学生的智力、能力得到良好的发展，在转变差生、培养优生方面具有较丰富的经验，教学效果好。

5. 对所教学科(专业)具有坚定、系统、广博的知识，熟练掌握课程标准、教材及教育理论和科学的教学方法；了解本学科教育教学现状和发展趋势。有一篇以上的学科教学论文在省级及以上刊物发表(或两篇以上论文获区一等奖或市二等奖以上)。

6. 具有较强的教育科研能力，在教育教学理论研究和教改实验中有所建树和创新，在全市(区)范围内具有指导作用，并在某一方面有具有理论和学术价值的论文在市(区)级以上综合或专业刊物发表，在市(区)本学科教师中具有一定权威性，并在市(区)同行中有一定的影响。

7. 指导培养青年教师成绩显著，具有突出实例；指导学生参加学科或技能竞赛获得省级二等奖及以上、市级一等奖或区级第一名的成绩。

8. 具有在薄弱学校任教或援教经历。

9. 35 岁以下的教师具备以下条件中的两条也可破格申报区学科带头人。具体条件如下：

(1) 曾获市(区)优质课一等奖(或市二等奖)及以上,或区级教坛新秀。

(2) 主持的课题成果在区教研室、教科所组织的评比中获区一等奖(或市二等奖)及以上。

(3) 符合下列条件之一者:①在市(区)级教研活动和教师培训活动中作过讲座一次及以上;②开展市(区)级公开课两次或市(区)公开课一次(不包括评比课);③参加高考、中考或教研室组织的全区性教学质量评价活动的命题工作。

(4) 符合下列条件之一者:①直接辅导的学生参加全国数学竞赛一人获一等奖,参加全国中学生物理、化学、生物、自然(科学)、信息技术等奥林匹克(浙江赛区)的复赛中一人获一等奖或全国级决赛二等奖以上;②训练的运动队在市级体育竞赛中获团体第二名及以上或两人获个人第一名;③直接指导的学生参加省教育厅有关部门组织的艺术、劳技作品等比赛中获团体第二名或两人获一等奖及以上;④直接指导的学生参加小论文评比一人获省一等奖或全国二等奖及以上;两人获省二等奖或全国三等奖及以上。

(5) 近 5 年正式出版过较有价值的本学科教材、专著、译著或教学指导用书,或有两篇以上本学科教学专业论文在省级公开发行的期刊或一篇以上本学科教学专业论文在国家级公开发行的期刊上发表。职业学校的专业教师已获得高级职业技能等级证书;幼儿园教师曾参加由省教育厅、教研室组织的幼儿园教材或教学用书的编写。

三、首席教师

(一)评选条件

1. 忠诚党的教育事业,有良好的师德,模范地遵守学校纪律和国家的法律及制度,出色地履行岗位职责。

2. 有国家规定的相应学历和教师任职资格;在教学一线执教或从事教学管理工作,且有中学高级教师职称。

3. 符合下列条件之一者:参加国家级骨干教师培训,省市级骨干教师培训,境外骨干教师培训,省市级学科带头人,荣获省市级教学能手称号,省市级教学竞赛荣获一、二等奖。

4. 教学理念先进,专业基础知识功底扎实深厚,且能熟练地把握本学科的知识和理论,教书育人经验丰富,形成了自己的教学特色,在全市范围内有较大的影响和较高的知名度。

5. 有辅导同学科教师教育教学的能力并业绩突出。

6. 主持了省市级教科研课题的研究任务,或者是省市级立项课题的主要参与者,并符合下列条件之一者:

（1）本人承担的教科研课题获省市级一~二等奖(指省市级政府行政管理机构颁发的奖);

（2）重量级的论文在省级以上期刊公开发表;

（3）本人有教育教学研究的专著。

7. 学生满意率在80%以上,教育教学效果优异。

四、特级教师

"特级教师"是国家为了表彰特别优秀的中小学教师而设置的一种既具先进性、又有专业性的称号。特级教师应是具有崇高师德,在中小学教育教学领域具有较高专业水平并作出特殊贡献、为大家所公认的在职教师。特级教师应是师德的表率,育人的模范,教学的专家。

（一）教师评选推荐特级教师条件

1. 拥护中国共产党的领导,热爱社会主义祖国,努力学习邓小平理论和"三个代表"重要思想,坚持党的基本路线,忠诚人民的教育事业;认真贯彻执行教育方针,一贯履行模范教师职责,教书育人,为人师表。

2. 师德高尚,在教育教学工作中严格遵守教师职业道德规范;勤奋努力,与其他教师团结互助,对学生关心爱护,寓德育于学科教学和其他学校教育管理过程之中;坚持实事求是、科学严谨的学风,言行堪称师生表率。上述内容在过去5年的年度考核中应有明确记载(已建立教师师德档案的学校,应在师德档案中有具体体现)。

3. 对所从事的专业具有坚实、系统、广博的知识,熟练掌握教育理论和科学的教学方法;了解本学科教育教学现状和发展趋势;对本学科教学的指导思想、目的、任务有深刻的理解;小学、初中、高中教师应分别精通小学、初中和高中各年级的课程体系和教学内容;近5年教学工作量每学年在400课时以上(不包括早、晚自习、讲座等)。

4. 具有现代教育理念和较强的创新意识,在教育教学工作中,努力探索、积极推进素质教育,教育教学经验丰富并形成自己的风格;教学效果好、质量高,并为广大师生所公认。对教育教学思想、内容和方法有深入研究,对本学科或本学科某一阶段的教学,有独到见解或有专长,在教育教学改革方面勇于探索、创新,并有以下至少三个方面的成果:

(1)长期的(至少3年)、大面积的(每学期至少1个班)学生学科学习质量提高和学生全面发展的成果事实;

(2)能在县(市、区)以上范围内起教学示范作用,并得到同行专家的公认;

(3)在省级以上刊物公开发表过本学科领域内有较高水平的论文;

(4)能根据学科特点有机地结合教学开展课外活动,并取得明显成效;

(5)在教育教学某一方面取得特殊成就,获市、州级以上表彰和奖励。

5. 具有培养、指导教师进行教育教学和研究工作的能力,做到有明确的培养对象和培养目标,有具体的培养步骤和途径,使所带教师教学能力明显提高,为中小学教师队伍建设做出显著贡献。

6. 小学、幼儿园教师具备专科以上学历,初中、高中、中职、教师进修学校教师具备本科以上学历;原则上担任中学高级教师(中学)、高级讲师(中师、教师进修学校)或小学高级教师(小学、幼儿园)职务5年以上,原则上应是湖北省中小学骨干教师。

7. 城镇中小学教师,应有在乡村中小学任教一年以上的经历。没有在乡村中小学任教一年以上经历者,评选特级教师后3年内,必须到乡村中小学任教一年以上。

中小学教师评选为特级教师后,一般应在教学岗位连续工作3年及以上。

（二）教师破格评选推荐特级教师条件

资历、学历、职称方面不符合评选条件，但又特别优秀的教师可破格评选特级教师，但应具备下列条件的三项以上：

1. 教书育人，全面贯彻教育方针，全面提高学生素质，成绩特别突出，受到县（市）以上人民政府表彰；

2. 德育工作成绩显著，受到市、州及以上教育行政部门的表彰；

3. 在深化教育教学改革，全面实施素质教育方面取得显著成绩，教育教学效果好，教学质量高，其改革成果经市、州教育行政部门和有关专家鉴定，对提高当地教育水平具有较高的指导意义和推广价值；

4. 承担市、州及以上教育行政部门、教研部门或同级学术研究团体组织的本学科公开课、示范课或观摩课2次以上；

5. 教育教学研究能力强，在省级以上刊物上公开发表过本学科领域内有较高水平的论文，或正式出版过本学科领域具有一定学术价值的学术专著（不包括以习题解答为主要特征的教辅资料）。

（三）教育教学研究人员评选推荐特级教师条件

教育教学研究人员除具备教师评选推荐特级教师条件（不含教学工作量要求）外，还应具备以下条件：

1. 了解中小学教育教学研究的总体情况和发展趋势，掌握当地教育教学水平和教改进程；

2. 全面把握国家颁布的课程计划和本学科教学的要求；深入研究教材，准确把握其中的重点、难点；

3. 指导、管理当地某一学科的教育教学工作成效突出，受到同行和专家的公认；

4. 有自己的研究课题且教育教学研究成果突出，出版有较高学术价值的专著或有其他重大科研成果；

5. 任教研员前在中小学任教5年以上，且为该学科的骨干教师；

6. 经常深入不同水平、层次的学校听课，每年300节以上，其中指导评课不少于120节；每年作教学指导报告不少于100节；

7. 经常组织教研员和广大教师开展教研、教学活动，所在地方该学科形成了具有鲜明特色、有较高水平和较大影响的教育教学和教研，并得到本地、本系统的公认。

骨干教师的表征

如前所述,骨干教师是旗帜,他们身上往往会表现出一种看得见、摸得着的气质,一种表征。这主要表现在以下方面。

一、对教学效果信心十足

骨干教师最显著的表征是在教育效能感方面表现出十足的信心。他们的口头禅是:没有教不好的学生。所谓教学效能感,是指教师对于自己影响学生学习活动和学习结果的一种主观判断。教学效能感又可分为两种类型:其一是一般教学效能感;其二是个人教学效能感。一般教学效能感是指教师对教与学的关系,教育对学生发展的作用等问题的认识;个人教学效能感是指教师对自己教学效果的评价、认识和估算。如教师预测今年本班有多少学生能考上一类大学、有多少学生能考上二类大学,考试的结果与考前的预测误差不大。

骨干教师的教学效能感与普通教师的教学效能感相比较,骨干教师的教学效能感具有准确性、鲜明性的特征。骨干教师能识别学生的个性、洞察学生的天赋、在复杂的问题上能明察秋毫,判断学生智商的高低、分析学生的学习爱好,从而调节学生的日常行为,最终使学生成为对社会有用的栋梁之材。

例如:奥托·瓦拉赫是著名的诺贝尔化学奖的获得者。他的成才与教师的教学效能感——洞察天赋有密切的关系且具有传奇色彩。

瓦拉赫在读中学时,父母为他选择了一条文学道路。一个学期以后,教师对瓦拉赫的评语是:读书很用功,但过分拘泥,这样的人即使具有完美的品格,也不可能在文学上有造化。以后,瓦拉赫改学油画,可他不善于构图,不会调色,对艺术的理解能力也不够强,成绩总是班上倒数第一或第二。面对如此笨拙的学生,绝大多数教师认为瓦拉赫成人可以,成才无望。只有化学教师表现出非凡的教学效能感,洞察瓦拉赫的智能优势是化学,而不是其他任何学科,从而向瓦拉赫的父母建议他改学化学。父母接受了化学教师的建议。这下,瓦拉赫智慧的火花被点着了。文学艺术的"不可造就的天才变成了公认的化学方面的前程远大的奇才"。

瓦拉赫的成功说明了一个道理。那就是任何一个学生都有自己的智能优势,有的向往语文,有的向往数学,有的喜爱计算机等,而瓦拉赫的智能优势既不是文学,也不是油画,而是化学。化学教师能洞察瓦拉赫的智能天赋,表现出非凡的骨干才能,找到了瓦拉赫的智能最佳点,使瓦拉赫的智能得到了充分的发挥,从而使其表现出惊人的成绩。

具体来讲,骨干教师在教学方面常常表现出不同于一般教师的扎实的行为。

(一)骨干教师教学心诚

心诚,即忠诚党的教育事业,热爱每一个学生,诚心接受学校领导分配的各项教学任务,不受社会经济浪潮冲击的影响,不图名、不图利,一心一意扑在教育事业上。

(二)骨干教师眼疾

眼疾,即观察、洞察班级事务及洞察学生个人变化的速度快、方位全、事物准、效果好。骨干教师通常以耳闻和目睹的事物为依据判断事情的是非。经常给学生个人或集体传递智慧的、善良的、向上的、勇敢的、克服困难的眼神,启迪学生拼搏向上的思想,滋润学生的心灵,沟通师生间的情感。骨干教师眼疾还体现在洞察敏锐、视野开阔,能透过学生的外部表现而窥视学生内部心灵活动的轨迹,从而获得本质的信息材料,为教育教学服务。

(三)骨干教师手快

手快,即处理事务快而有条不紊、干净利索、多快好省。骨干教师既要教好书,又要育人,还要搞科研,做同行的榜样,处理的事务太多。如备课改作业、计划加总结、家访加家务,手头功夫如不过硬,势必导致眼睛一睁,忙到熄灯。

(四)骨干教师口实

骨干教师口实,表现在骨干教师是一般教师的工作楷模,在学生面前是光辉的典范,讲话是一字一句,被学生模仿或引起学生的反省,来刺激学生的情感,有时甚至还将影响学生的一生。因此,骨干教师在讲话时说实话、说真话,不说假话、空话、套话,语速不快不慢,言必信,行必果,一旦许诺,必然兑现。

(五)骨干教师腿勤

腿勤,亦称行为到位。骨干教师通常把班级学生时刻挂在心坎上,发现问题及时解决,及时处理,形成勤动脑、勤动腿的动力定型,使学生知道教师时刻都在他们周围。骨干教师腿勤还表现在勤上班、勤视察、勤早操检查、勤课外活动辅导和勤家访等方面。

(六)骨干教师耳灵

俗话说"良药苦口利于病,忠言逆耳利于行",骨干教师善于听取各方面的意见,如学校领导意见、同行意见、学生意见以及家长意见。尤其在听取逆反意见时,骨干教师表现非常大度,能容纳来自各方面的批评和建议,通过在自己大脑进行长期加工,形成良好的信息场所,这样拓宽了信息反馈的渠道。

(七)骨干教师脑活

骨干教师脑活表现在骨干教师善于动脑、多想点子,发挥创造性思维。骨干教师面对全班性格各异的学生和复杂多变的班级事务,要在大脑中实行深加工,在分析、比较、判断和理解的基础上,想出解决问题的最佳方案。

总之,骨干教师上述扎实的基本功,既是辩证的,又是统一的。首先,心、眼、手、脚、口、耳、脑的单独作战和密切配合是骨干教师内在基本功的前提和条件。其次,骨干教师的基本功的形成又促进自身各部位,作用于教育功能的进一步扩大和发展,二者互为促进,同步发展。

二、对课堂管理监控自如

骨干教师在教学管理上最明显的表征是监控自如。教学系统由知识技能和教师指导学生学习、反馈评价等要素组成。课堂教学必须采取"信息输入—信息交换—信息贮藏—信息输出"的开放式教学结构,骨干教师在实现课堂教学时,通常实行信息交流量和知识掌握率的两个百分之百,骨干教师在实现课堂教学两个百分之百时的具体方法又是多样化的。

为了实行信息交流量百分之百,一般采取以下措施:

(一)全体学生参与教学活动是实现信息交流量百分之百的前提

课堂教学必须让每一个学生充分参与,让每一个学生都获得受教育的机会。这就要求骨干教师一改过去面向少数学生的课堂教学而变为面向全体学生的教学。

(二)分组讨论是实现信息交流量百分之百的有效途径

骨干教师把信息输给学生,学生举手回答问题,将信息反馈给教师,这种方式仅是部分学生参与或参学,其余学生都是"陪堂",信息交流达不到百分之百。组织学生分组讨论,让学生互相学习、互相评价、互相倾听、互相激励、互相提高,这样就扩大了信息交流量。

(三)骨干教师在做到课堂信息交流量达百分之百的同时,还做到"四个学堂"

"四个学堂"是实现信息交流量百分之百的得力措施,"四个学堂"即学堂练习、学堂校对、学堂更正和学堂解决。"四个学堂"的目的是让学生及时将信息反馈给教师;同时,教师将信息反馈给学生,使学生及时调整自己的学习活动。

(四)让学生自己提出问题,是实现信息交流量百分之百的好方法

让学生自己提出一个问题比让学生回答一个问题收获大得多。因此,教学要从"会答"转到"会问"上来,师生之间、学生之间,可以互问互

答或生问师答。

知识掌握率达到百分之百有两个含义:一是百分之百的学生都掌握了应掌握的知识;二是骨干教师在课堂上讲授的知识要百分之百被学生掌握。骨干教师在实现这一目标时,一般有如下措施。

1. 因材施教现代化是实现掌握率达百分之百的前提

人与人之间的差异是普遍存在的,每个人都有自己的个性特点,所以课堂教学唯一有效的办法就是因材施教现代化,这就要求做到两点:一是认识新,要从公平式教学观转到层次教学观上来,力求一把钥匙打开一把锁;二是做法新,把分班教学、分组教学与个别教学相结合,面对有差异的学生实行有差异的教育。

2. 激发学生兴趣是实现知识掌握率达到百分之百的关键

杨振宁说过:"成功的真正秘诀是兴趣。"苏霍姆林斯基说:"教师最大的失败是学生不爱听你的课。"骨干教师在教学中通常激发和培养学生兴趣的方法有:(1)让学生自己动脑动手;(2)设疑解难;(3)引入趣题;(4)开展竞赛;(5)进行奖励;(6)穿插趣味游戏等。

3. 体现三个为主是达到知识掌握百分之百的根本

骨干教师在课堂教学中体现"以学生为主,以自学为主,以练习为主"的原则。这既是教学方法,又是学习方法,是学生完成任务的手段和途径。其中,自学为主,摆在首位,它包括以下几个方面的能力:一是主动阅读的能力;二是独立思考的能力;三是自主完成练习的能力;四是善于自我检查、自我反省的能力;五是自我控制的能力;六是自我组织的能力;七是自觉探究的能力;八是自我应变的能力;九是自我概括的能力;十是不断创新的能力。

4. 优化课堂教学过程是达到知识掌握率达百分之百的核心

骨干教师实施素质教育从根本意义上讲,就是优化教育教学的过程。怎样进行优化,骨干教师首先导入新知,做到"六求":一求实,要联系生活实际导入新课;二求准,要找准新知的切入点、生长点;三求奇,要抓住学生的好奇心理导入新课;四求妙,要巧妙地导入新课以引起学生的注意;五求活,要力求生动活泼、富有趣味;六求变,力求将静止的知识变为动态的探索对象,从而导入新课。

骨干教师在讲解新课时还通常做到"六重"：一重想，要从学生学答转向学生学问，要让学生自己去思考，自己提出问题；二重法，要从学生学会转到会学，要教给学生学习的方法；三重精，要由滥讲转到精讲，要善结知识链，巧构知识树；四重情，要从平常型转到激情型教学上来；五重主，要从教师主宰课堂转到学生占领课堂上来，要让学生真正成为课堂的主人；六重乐，要变学生苦学为学生乐学，要从"要我学"转到"我要学"上来。

三、对工作积极进取

对工作的态度上，骨干教师不满足于做普通的、任务型教师，而是努力学习与创造。对教育而言，只有终身学习者与创造者的教育才是真正的教育，才是高质量和高效益的教育。因此，有创造性的教育是教育内在本质的要求。骨干教师把自身的角色定位于创造者，就时刻要求自己必须具备高素质，保持骨干教师的荣誉永远不变色，刻苦钻研，勇于创新，形成自己独特的骨干教学风格。

骨干教师不是生来就是骨干，而是通过长期的艰苦奋斗形成了稳定而持久的事业心和责任感。他们的事业心是一心一意扑在教育事业上，不受任何外界及社会经济浪潮的冲击，在取得优异的教学业绩上积累了许多宝贵的教育教学经验，一是靠自己的真才实学与顽强的事业心、上进心成为教学的能手，是同行中的佼佼者。在教学中能旁征博引，驾轻就熟，让学生折服，让同行刮目。其二是靠魅力。骨干教师为人正直，待人真诚，严于律己，助人为乐，办事公道，处世豁达乐观，像一块磁铁一样，吸引众多同行与学生。如一颗夜明珠一样发射出人格与智慧的光辉。其三靠的是育人有方。普通教师工作的真正意义就在于育人，骨干教师的工作在于育人的基础上还一般具有"四业"、"四高"。"四业"即敬业、勤业、精业、乐业；"四高"即思想境界高、业务水平高、工作干劲高、育人业绩高。他们大多有如下行为。

（一）探索教学开放

教学开放就是将授课的教室门打开，接受任何一位同行或领导的听课。骨干教师认为，教学开放可促使教育者认真对待每一堂课，增强教

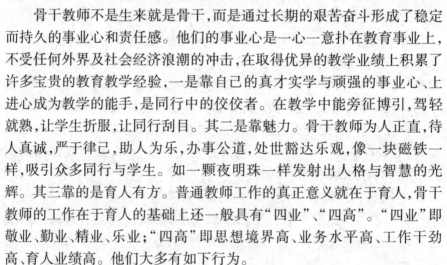

育效率观念,防止教学随意松弛等现象出现。

在教学开放的同时,有些教师和领导认为:教学开放对教师压力太大,不宜随机听课,随机听课是对执教者的不尊重。而骨干教师认为,在教学方面,教学如科研,科研如科技,教学没有压力,就没有动力。一个成功的教育工作者,在教学及科研方面不断对自己施压,刻苦磨砺自己的教学意志,随堂听课、教学开放,可促使执教者为了上好每一堂课,必须认真对待每一堂课。在教学过程、教学方法以及教学设计方面多下功夫。教学开放对听课的教师来说,由于教师听课的机会增多,不但可以各自为阵,从自我封闭的困境中摆脱出来,还可以吸收许多教育教学的新鲜氧气。这样,教师的教育教学自我管理意识不断增强,继续充电的积极性不断提高,教师交流教学、切磋教学的机会增多,最后,达到教学过程评价更为全面、公正、客观。

(二)探索备课方式

电脑备课与说课是骨干教师在中小学各学段率先探索的一种先进的备课方式。以往教师的备课是用钢笔写在备课本上的,这样的备课方式已经落后于当今教育改革、教学发达的时代。

电脑备课与说课结合的方式是一种先进的备课方式。它不仅能大大节省备课时间,还可以使备课无纸化;说课方式直观化,这样能提高备课的效果。骨干教师在电脑与说课结合的同时,具体操作方法是先在电脑上备好课,然后存盘。待到说课活动时,调出备课内容,加以讲解和说明,并经评议后,在电脑中直接修改再存盘,以便保存完整的教学资料。

(三)攀登教学阶梯

从一般教师到骨干教师的过程要经历以下三个阶梯。

1. 知识阶梯

知识阶梯是骨干教师的最起码的要求,也是其教师生涯的第一步。这一步是通过职前的教育与职后的学习共同完成的。一般地说,一个骨干教师在教育教学方面是通过各学科教育界的正规培训和充电,以增长知识技能。知识阶梯是骨干教师的最基本阶梯。如果骨干教师知识阶梯不扎实,知识平庸,那就算不上是一个骨干教师。

2. 思想阶梯

思想阶梯是骨干教师的一个重要阶梯。凡有志于向这一阶梯攀登的教师才有希望成为骨干教师或教育家。有的校长说过：某些教师在工作几年以后，就似乎达到了一个不可逾越的极限。教学热情减退，教学质量不再有明显的进步。虽然仍在年复一年地工作着，但基本上是在做一种重复的教育劳动。这类教师大都不知道思想阶梯的重要性，不去攀登思想阶梯。对于这种教师来说，教学中所需的知识基本掌握，所需技能也基本拥有，工作不再有难以应对的挑战与压力。一个教师一旦产生这种满足感后，就会产生一种虚无感。事实上，不管这类教师的实际教龄有多少，对他(她)真正有价值的教龄一般只有6~9年。

3. 技能阶梯

骨干教师的任务就是育人。他们的任务不像电脑、图书馆那样具有固定的知识。他们的任务是通过向学生传授知识，而使其学会知识，运用知识，探索知识，以激发学生的学习热情。骨干教师教学技能的提高从一般情况讲，靠自我的悟性与平常教学经验的积累。

在教育战线上，有些教师在教学工作岗位上得过且过，只注重"时间到，任务了，每月工资都不少"，只求完成任务，不求教学质量。这类教师我们通常归纳为教学责任感知度较低。而骨干教师（或有上进心向往达到骨干教师境界的教师）通常在教育教学管理、培优补差方面表现出强烈的事业心和责任感。他们时刻想到的是班级学生的学习、生活，尤其是困难学生的学习生活，时刻注意自己的责任重于泰山，对于班级的财产、事务，长期都在自己头脑里进行细加工、精提取，以寻求获得正确的答案。

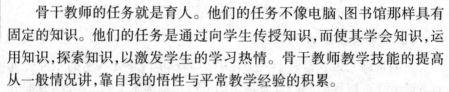

武汉市江夏区桌小学有一位张老师，她1993年毕业于武汉市第三师范学校，毕业后分配到南八乡某校工作。她所任的班级从教学管理、教学业绩、师生情感都高于其他任何班级。教育总支总结张老师是教学事业心强、教学责任感高，多年被评为区(乡)劳动模范。1999年，纸坊某小学提名专点张老师到该校任教。张老师初接任五年级一班班主任工作时，学生王××成绩属中上等，但由于家庭纠纷，其父母离异，导致王××学习情绪波动,上课经常开小差,精神恍惚,不用心听讲,成绩急剧下降,而且经常空腹上网不回家。这个学生还在电视上学到了一些不干净的流浪汉的生活习惯,一度成为学校有名的差生、组织纪律难管生。在一次测验中,王××语文考了38分,数学考了25分,许多老师认为王××成材无望。张老师通过多次家访其父母亲,其母亲说孩子判给了父亲,应由父亲管教,自己无责任、无能力操这份心;其父亲虽然答应协助老师管教好孩子,但又力不从心。张老师认为不能让这样一个学生掉队,特别是像王××这样的学生极容易学坏。如果对王××不正确引导,不加强正常的教育,必然影响班上其他同学的学习和健康成长。张老师决定在生活上多关心,在学习上多给予精心辅导。据不完全统计,张老师一学期留学生王××到家吃饭80多次,洗衣50多次,资助其学习费用累计达200多元,并坚持一天两次作业检查与辅导,一天一次补课。张老师精诚所至,金石为开,激发了王××的学习热情,调动了他的学习积极性。俗话说:浪子回头金不换,王××的学习成绩逐渐上升。在初中、高中学习期间,他的成绩一直领先。2006年高考,王××以628分被武汉大学录取。被武大录取后,王××非常感谢小学时教他的张老师。他说:如果没有张老师的关爱和及时的正确引导,也不会有他的今天。

张老师对学生的关爱,不放弃每一个差生。对差生晓之以理,动之以情,对待差生的处理具有很强的灵活性。给学生王××开设教育小灶,以缓解课堂教学的饥渴与不足。张老师还注重学生王××因父母离异而产生的心理因素,把教学的责任心稍向其倾斜,使他在情感方面受到感动,以激发王××的学习兴趣,促进其学习能力的发展,最终使学生王××成才。

骨干教师热爱教育事业,热爱每一个学生,具有很强的事业心和责任感。爱是基础,责任是天职。他们在爱字上下工夫,在恒字上花时间、花精力,和学生建立了深厚的师生情谊,使学生真正体会到教师可亲。许多优秀的高才生、杰出的工作者都是在骨干教师的精心培养和点拨下茁壮成长的。

骨干教师的特质

骨干教师的表征只是他们自身素质的外在表现,他们之所以有这些外在表现,最重要的还是他们有独特的内在素质。这主要表现在:

一、稳定而持久的职业动力

骨干教师一般表现为敬业爱岗,不受社会经济浪潮及社会政治风波的冲击,敬业爱岗、教书育人、为人师表、兢兢业业地工作在自己的岗位上。敬业就是对教育事业的崇敬;爱岗就是热爱自己的工作岗位。"文革"期间教育一度受冷落,一些所谓头脑灵活的教师弃教改行走向粮食、商业、食品等部门工作;20 世纪 70 年代末 80 年代初,教师工资低,一些教师弃教下海经商。80 年代末,国家政府尊师重教,那些弃教改行下海经商无功之人又纷纷想回到教育战线,这是教育战线教师队伍不稳定的突出表现。而社会的不稳定因素和改革开放金钱的诱惑力丝毫不能动摇骨干教师从教的心,这是骨干教师稳定而持久的职业动力的突出表现。

以下几个方面可以反映出骨干教师的职业动力。

(一)骨干教师的价值观

价值观是关于事物具有不同价值(对个人或社会的重要性意义)的看法、观点或观念体系。任何事物都有潜在价值的属性。说"粒金贵于斗粟"是指商品具有不同的价值。常言道"一句真言胜过连篇废话",是指语言、文章或科研成果也因其真伪而有不同的价值。老年人告诫青年人"勿以恶小而为之,勿以善小而不为",是指行为道德价值是以善(利他)恶(损人)的成分而定。又如格言"人固有一死,或重于泰山,或轻于鸿毛",是指人生的价值不在于人寿命的长短,而在于对社会所作贡献的大小。价值是客观存在的,而它们反映在意识中,成为价值的观念。

价值观依其存在的方式可分为社会价值观和个人价值观两种。前者是作为社会意识形态方式存在的,并为社会多数人所持有;后者只存在于个体头脑中。个人价值观是人在生活中的直接产物,也是通过间接传递他人或社会的价值,并加以内化的结果。

骨干教师的价值观认为:人生的意义在于奉献自己的才华,人生的价值在于发掘人才,获取未来,获取教育教学的丰硕成果,把自己所掌握的知识、技能通过教育的媒介,无私地奉献给下一代,为祖国,为社会,为人民做出自己的贡献。不为名而工作,不为钱而诱惑,不为权势而心动,兢兢业业,勤勤恳恳,任劳任怨,默默无闻,一心一意地扑在教育事业上。骨干教师还具有正直、正确、正义的特质,他们思想纯洁,意志坚定,人格伟岸,堪为人师。他们把从事事业的苦、累、贫看成是人生的欢乐、幸福、富裕,因为他们的人生价值观就是为培养出高素质的栋梁之材,为自己的丰硕成果、成就而骄傲。

(二)骨干教师的事业观

骨干教师认为自己代表党和人民的根本利益,代表祖国和人类的未来,代表人类发展的方向来执教。以收获知识、收获人才、收获未来为己任。因而他们一心扑在教育事业上,满腔热血洒在校园里。他们自觉地要求自己必须具备雄厚、扎实的教育艺术,令领导称赞、令同行赞美、令学生称颂的教育成果,最终成为学科带头人、学术领路人、教育的行家。

李吉林老师是从普通教师中走出来的教育专家。她是一个普通的教师,她爱孩子,教孩子,把孩子教好是其最朴实的心愿。为此,她竭尽全力,永无休止地钻研教学,以实现她的教育理想。她对学习有很强的动力源,就是一切为了学生的正确需要。学生喜欢什么,需要什么,她就学什么,学会做什么。例如:为了提高语言表达能力,她利用休息时间三次登门请教上海艺术剧院著名演员陈琦。为了指导好学生作文,她结合教学写了儿歌、散文,以及学生命题作文、教学经验总结等。后来,她发展到了写散文,出专著。在写作的时候,夏天蚊子多,她就躲在蚊帐里写;冬天寒冷,她就在纸箱里塞棉花套住腿脚。

李吉林老师是一个执著的教育探索者。她孜孜不倦地进行探索,她提出问题,学习理论,坚持实践,及时总结,即把思、学、行结合起来,从教育教学中的问题出发,积极开展教育科研。她在教育当中深深地感到,教育科研使自己变聪明了,思想敏锐了,在实践中办法多了。

李吉林老师的成长告诉我们中小学教育工作者及骨干教师,中小学教育是人生教育的奠基工程,最能影响人的一生。俗话说"脚基不实,大厦难固"。基础教育如搞不好,将影响高等教育及人才的发展。有志者事竟成,只要我们扎实工作,潜心探索,细致研究,也可以到达教育者的光辉的顶点。

(三)骨干教师的学生观

学生是教师工作的对象,是教育的"客体",没有学生就没有教师,这些朴素的道理使得骨干教师总是把学生视为自己的生命,视为自己的儿女而爱之、亲之。不但如此,骨干教师这些认识、观点使他们自己能努力工作,从学生身上享受到美,获取智慧和力量,从而使他们甘为人梯,甘为蜡烛。

有些教师用希望的眼光看着尖子生,对差生一"恨"二"厌"三"弃",导致这些差生破罐子破摔,不想上课,不想做作业,不想参加班级活动;对班级,对教师没有情感,遇到动脑筋的事情就头疼,厌学、辍学的思想行为时有发生。

骨干教师总是把每一个学生看成是祖国的未来,教学生成人、成材是党和人民交给他们的光荣使命,因而对待每一个孩子的教育是责无旁贷,义不容辞。

1. 用爱去烘托学生的观点

爱就是爱祖国、爱人民,学生是祖国的花朵,爱国是我们中华民族的精神支柱。我国历史上有许多的民族英雄、爱国之士,如民族英雄岳飞、"生当作人杰,死亦为鬼雄"的词人李清照,他们既是爱国的楷模,又是从小勤奋学习的好榜样。因而骨干教师要引导学生以伟人为楷模,从小立志报国,以只争朝夕的勤奋精神去战胜学习中的困难,出色地完成党和人民交给的学习任务。

2. 用"业精于勤荒于嬉"的哲理启迪学生的观点

渊博的知识,精湛的技术来自勤勤恳恳的学习,不厌其烦的请教,循序渐进的积累,勤读、勤写、勤算、勤思、勤问是学得知识的很好途径。只有勤动口、勤动脑、勤动手,知识才能巩固,能力才能增强。有人问苏步青教授微积分题目做了多少个,苏教授回答说:"至少做了一万个。""一万个!这不是开玩笑吗?"细细琢磨,觉得这一万个的确有道理。只有这样勤奋学习,反复苦练,才能牢固掌握知识,理解透彻,熟练运用。

3. 用英模形象诱导学生的观点

我们现在的时代是英雄辈出的时代,英模成长不付出艰辛的劳动是不可能的。马克思说:"只有不畏劳苦,勇于攀登的人才有希望到达光辉的顶点。"被称为"中国当代保尔"的张海迪,身患高位瘫痪,她不仅自学了小学到高中的全部课程,而且还自学了日、德、英、法等国语言,并翻译了不少文学作品。同时,她还自学了医学,为自己及病人解除痛苦。骨干教师要用这些生动的事例教育学生,激发他们的学习积极性。

(四)骨干教师的成就感

成就感是在人的成就需要的基础上产生的,它是激励个体对自己所认为重要的有价值的工作,乐意去做并努力达到完善的一种内部推动力的感受。成就感涉及成就活动的各个方面。如,青年人有远大的志向和抱负,为祖国作出更大贡献;学生想获得优异的学习成绩;骨干教师教学上起着先锋模范作用等都是成就感的表现。

成就感里面含有成就动机。通常说,成就动机水平低的教师,他们的工作业绩一般平凡;而成就动机水平高的教师,他们的工作具有自信感,工作业绩水平一般较高。而骨干教师(向往达到骨干教师境界的教师)成就感动机水平一般比较高。

2004年暑假刚过,开学在即,某校正在召开班主任工作会。会上校长、教务主任讲完话后,一直处于鸦雀无声状态,各位班主任心里都有自己的小九九,那就是坚决不任八班的班主任。因为八班是全校的老大难班。

新调来的王老师凭自己的直觉,已觉察到了事情的端倪,便以坚定的话语打破了会议的寂静:"我来担任八班的班主任。"有些教师以为王老师不知道八班的情况,是"初生牛犊不怕虎",心想:"这样的班凭你能带好?"只有校长握着王老师的手说:"谢谢你,王老师!你一定会成功的!"

到班后,王老师通过调查发现,不是本班学生学习素质差,而是本班有一个非正式组织在活动,并且非常猖獗。据说,上学期这个非正式组织硬是将英语教师炒了鱿鱼。这个非正式组织还用挖苦、讽刺和威胁等手段对待好学和上进心强的学生。这个团伙由6人组成。他们上课时爱搞小动作,想方设法干扰周围同学学习;下课时纠集同伙在教室里、走廊上横冲直撞,故意违反纪律,影响班集体荣誉。班干部不敢管,也不敢告诉老师。

这个团伙的头目叫李加明,父亲是某局的局长,母亲在公安部门工作。他四肢发达,身高1.7米,受社会上一些不良风气的影响,学着哥们儿的样子出风头,并模仿录像中的镜头不行正道,当起了大哥,以武压人、以强压人。有些学生为了寻求庇护,拜在他的门下,讨好、巴结他,与之成为一伙。

王老师对以上事情了解透彻后,决定召开班级科任教师会,商讨对班级非正式组织进行正确的引导。当晚,王老师还走访了李加明家,要求他参加学校组织的体育队,并担任本班的体育委员,同时嘱咐他好好学习,别的什么都没说。李加明和其家长认为在初中一年级时,老师家访总是说孩子的缺点,今天王老师家访,看清了李加明还是有优点的。其父母表示一定要配合老师教育好自己的孩子;李加明则表态要支持王老师的工作,把班级工作搞好。

作为一名有胆识的骨干教师,在做好非正式组织的转化工作时,王老师具体从以下几方面入手:

(1)正确引导非正式组织,细心观察,发现他们的闪光点。对于品行不端的学生准确把握思想动态,善于发现他们的长处,抓住他们刹那间的转变及时予以表扬引导,对其中转变快的恰当使用,让其担任与之能力相当的班干部职务,使其为班集体出力。王老师大胆起用李加明就是一个例子。

(2)加强辅导,发展特长。根据学生的实际需要,加强第二课堂建设,发展学生个性特长,分别成立科技、文艺、体育、书法、绘画等兴趣小组,把那些好动、有专长的学生纳入活动小组,以参加各项竞赛为培养方法,陶冶学生的情操,提高其素质,培养其荣誉感,帮助他们树立为班集体争光的雄心壮志。

（3）树立榜样,激发学生向上。成绩中等的学生在班上占大多数,帮助他们克服得过且过的心理,促使其力争上游,防止他们向不良的方面转化。

（4）消除偏见,及时补差。对于学习有困难的学生帮助他们消除自卑感,并经常了解他们的学习情况,耐心细致地从基础知识开始给差生补课,循序渐进地鼓励差生迎头赶上。

（5）加强德育意识教育。优化教育坏境,定期召开主题班会、演讲会,开展行为规范教育及学科竞赛活动,团结、互助、互爱,建立和睦的班集体。

在王老师精心设计和辛勤的工作下,一年来,硬是将一个无人带的癌症班转化为一个优秀的班集体。全班的学习成绩来了一个90度大转变。2006年中考,王老师所任班级在全校八个平行班中考试成绩第一。李加明以优异的成绩考入了区一中。王老师被区教育局授予骨干教师、模范班主任光荣称号。

2006年9月份开学,王老师又瞄准了一个困难班,担任班主任。她正信心百倍、干劲十足地工作在自己的岗位上,并有信心、决心把本班工作推到优秀的顶端。

因此,我们认为骨干教师的成就感有很大一部分是由巧妙的手段、更多的时间、强烈的责任心相结合来取得的。对学生的学习动机、行为方式等施加积极影响,使其达到教育者预定的良好效果。

二、优异的教学能力

（一）灵巧的教育机智

骨干教师头脑灵活,反应敏捷,处世机警,在教育教学和管理方面灵活运用。

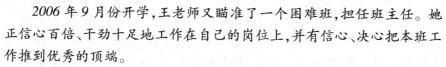

　　教育机智指在教育教学及管理过程中处理偶发事件时所表现出来的一种灵感和智慧。一般来说,机敏度高的教师在处理偶发事件时,能使消极被动的事件转化为积极主动的事件;而机敏度低的教师在处理偶发事件时则容易将积极主动的事件转化为消极被动的事件。

　　例1:某校六年级学生王强和张虎在上课时为了课桌的"三八线"发生了矛盾,并在课间争执了起来。王强先开口骂人,张虎不服,并以拳脚相待。两人在相持不下的情况下,王强突然从书包里抽出水果刀直逼张虎,张虎被这突如其来的寒光闪闪的水果刀吓得双腿发抖,退到角落里不敢动。语文教师周老师接到报告后飞快赶到教室,看到这一情况后,顿时也吓得脸色发白,但他努力镇静,顺势从一学生手中夺过一本作业本温和地对王强说:"王强,你做错了三道题,请赶快拿去看看。"王强用惊恐的目光瞥视周老师的那一瞬间,周老师一个箭步冲上去,抓住了王强手中的水果刀。随后,周老师将王强和张虎带到办公室,问明情况后进行妥善的处理。当晚还走访了双方的家长,通报了情况后,双方家长一致表示配合学校严厉管教自己的孩子。就这样,一场不堪设想的突发事件被周老师巧妙运用教育机智平息了。

　　例2:一位生物教师领到了一架盼望已久的显微镜,她带领学生们在显微镜下看到了微观现象并发出遐想,师生确实太喜欢这架显微镜了。一个星期一的早上,同学们发现放在教室角柜里的显微镜不见了,于是跑去问生物老师,可生物老师说不知道。于是班长领头成立了一个侦探小组,经过一天的侦察,侦探小组把可疑点都集中到彼佳同学身上,并决定星期二中午去彼佳同学家中侦察。他们一走进彼佳家的栅栏便从窗口看到彼佳同学正聚精会神地看显微镜。他们不由分说,架着彼佳同学,抱着显微镜以及彼佳同学准备好的小甲虫去找生物老师。一进老师院门,他们便吵嚷起来。生物教师一见这架势,立刻明白发生了什么事,她冷静一下像忽然想起了什么事地说:"哎呀,你们看我这记性,这显微镜是我前天借给他的,我都忘了。"彼佳愣愣地说不出话来。生物老师表扬了这些同学,又嘱咐他们以后不能这样粗鲁地对待同学。学生们满意地走了,彼佳被留下,他既感激又惭愧地向老师承认了错误。

从以上两则事例可以看出:例1的突发性事件体现了周老师遇事冷静,思维敏捷,不被突发事件打乱阵脚,面对寒光闪闪的水果刀第一反应不是大声喊叫,因为大声喊叫容易造成王强神经方面的过激反应,最终使流血事件发生。第二反应就是避开主要矛盾。周老师用温和的口气说"王强,你的作业做错了三道题",以作业巧妙地分散王强拿刀杀人的注意力。然后,迅速出击夺走王强手里的凶器,将流血事件平息,体现了周老师灵活运用教育机智的价值。例2的事件开始是消极事件,由于生物老师机敏度较高,方法得体,第一反应就是避开消极因素,将矛盾的焦点集中到教师自己身上,使彼佳没有陷入抬不起头来的困境。学生彼佳深感痛悔,对"偷"的行为有了更深刻的认识,使消极因素向积极因素转移。

偶发事件在日常教育教学中随处可以发生。面对性格各异的学生,调皮捣蛋的学生,有的教师感到头疼,有的教师被孩子顶撞得张口结舌,而骨干教师能和调皮的学生和睦相处,应付自如,表现出非凡的教育机智才能,对教育教学工作起到了积极主动的作用。

(二)和谐的师生交往

骨干教师与学生的交流。一般将师生关系视为朋友关系,他们学识丰富、情操高尚、活泼乐观、平易近人,学生愿意与他交往,向他透露心灵的秘密,诉说心头的苦与乐。骨干教师与学生交往时还特别留心观察学生的动态、喜好,探索学生的需求,启迪学生的心智,以自己丰富的阅历,不失时机地对交往的学生施加影响,使学生能树立坚定的学习意志,克服身边学习的艰难曲折奋发向上,成为社会的栋梁。

有这样一个真实的"马灯故事"。叶老师和贫困生张某从初中一年级起就建立了深厚的情谊。张某家境贫困,叶老师几乎资助了他在初中阶段的全部读书费用,并经常带张某回家吃饭。初中毕业后,由于家庭因素,张某确实无法再读书。叶老师多次家访也无济于事后,张某无奈失学。失学后,叶老师从未间断和张某的联系,经常利用休息时间给张某补课并开导他不要放弃学习。

张某家离学校约有4公里路，途中要翻一座100多米高的山和经过两个田垅，路不好走，一个为了求学，一个为了师生情谊，培养该生成材，几乎每天晚上一盏马灯成为师生间夜行的指路明灯。马灯在老师家里由老师夜行到学生家辅导；马灯在学生家由学生拎着马灯夜行到老师家求学，这样往返两年多时间。学生张某学业没有中断。

1977年我国教育恢复高考政策，终于等到了张某大显身手的机会。叶老师动员学生张某不要放弃报考机会，张某和其家长一样认为自己是初中生，想高考中举是不可能的。叶老师凭自己的感觉认为张某功底并不比其他应届高中生差，再三做思想工作，坚定了张某参加高考的信念。

高考后，张某果然不辜负叶老师的希望，以优异的成绩考上了华中师范大学。张某拿到入学通知书后，首先就是到叶老师家报喜。叶老师在其入学的前两天到张某家做客，并精心制作了一幅"石破天惊"的匾送给了他。张某在华中师范大学就读期间以优秀成绩被华中师范大学留用。几年后，张某由于素质高、工作能力强成为华中师范大学领导班子成员。

以上事例可以说明：叶老师和学生张某建立了纯洁的师生关系。叶老师为了不使学生张某中断学业，牺牲休息时间，提马灯以夜行，在长期的教学与辅导中使学生张某成材，表现了叶老师在洞察学生智能天赋上表现出非凡的骨干才能。

(三) 巧妙的角色转移

骨干教师既是教育的管理者又是知识的传递者，骨干教师在教育教学时有时不完全将教学置于课堂以内，有些工作还必须延伸到课堂以外去做。在课堂以外除组织规定的，有时骨干教师还必须放弃教育或管理者的角色，与学生接近，建立一些非正式关系即平等的友爱关系，以消除师生之间的隔阂、沟通师生情感，以解决单靠正式组织解决不了的问题。这是骨干教师在教育教学上巧妙运用角色转移的一个技巧。

孙老师在任六年级数学课时，发现几个男生非常调皮，上课不用心听讲，一下课就抢占乒乓球台，打了上课铃后再跑去上厕所。这些学生做作业马马虎虎,纪律松松垮垮,教师多次批评效果还是不佳。孙老师从侧面了解这些贪玩的学生是一伙,以王佳为首,其父母离异。孙老师了解情况后,决定放弃教师权力因素,在课外尝试一下非权力因素的角色效率。

一次课外活动时,孙老师主动邀请这些学生进行乒乓球比赛。一开始这些学生还有畏缩感,孙老师说:"来吧,谁跟我对垒?"结果,这些学生一个个败下阵来,孙老师当了"乒乓球王",这使得学生们一下子与他亲近起来并向他讨教球艺。孙老师谈了自己的球艺体会后,这些学生越发愿意与他亲近。这样一来,这些同学特别爱听孙老师的话。在孙老师的正确引导下,班上的组织纪律有了明显的好转,课堂教学效率有了明显的提高。

随后,孙老师又充当了另一角色,在一次检查址级学生出生年月时,为这几个所谓的调皮的学生开了生日晚会,并在年底送上了贺年卡。

由此可见,骨干教师在与学生交往时通常利用角色转移方式,把学生当朋友,而学生把教师当严父慈母,这样有利于师生关系的融洽,有利于加强班集体的战斗力,有利于学生的进步与发展。

(四)出类拔萃的语言表达

语言既是人类传递信息的载体,在教育方面又是教育者向受教育传递信息的重要工具。在教育教学中,有些教师的语言表达像一把锤子向门上砸去一样,只能在门上留下累累伤痕,让学生心灵受到创伤;有些教师的语言又像不着边际的耳边风,学生听了不入耳,更难入心了。这类教师实际上不适宜在教育战线工作,他们这样的语言长久下去只会伤害学生的心灵,使学生受到压抑。而骨干教师的语言则像一把金钥匙一样,一下子就可以打开学生心头的锁。请看下面两则案例。

例1:某校五年级学生王庆平原来非常调皮并且经常干坏事,有一段时间在老师及家长双方的教育帮助下,表现有所好转,学习上进心增强。有一天,他看到学校刚栽的树苗正缺水,便利用课间时间到学校食堂拿水桶准备挑水给树苗灌水。一不小心扁担头撞在窗户玻璃上,哗啦一声,把窗户玻璃打破了。司务人员将他送到办公室熊老师那里处理。熊老师不问青红皂白,就是一顿训斥,"生就的眉毛长成的像,江山易改,本性难移,三天未管到老病就复发,真是朽木不可雕也。"说完让他回家拿5元钱来赔偿。王庆平被骂得面红耳赤,脸上火辣辣的,当即回教室,背起书包回家,一连几天不上学。

例2:农村中学高一年级学生王××和陈××被通知到省城参加某项竞赛。这两个学生都是农村乡里伢。当他们得到通知后,两个学生既高兴又担忧。高兴的是他们能够有机会到省城参加竞赛,可以开开眼界;担忧的是他们是农村的孩子,在参赛过程中,怎能赛得过城里学生?怎能赛得过高二高三的学生。两位学生的面部表情被周老师觉察后,周老师看出了这两个参赛学生担忧的心理活动,于是当晚找两个学生谈话,对他们说:"你们俩生在农村,长在农村,常常与花草打交道,但谁能说出一种不开花的草?"两位学生陷入了沉思,最后摇摇头说:"老师,没有一种草是不开花的,所有的草都会开出自己的花。"

周老师笑着说:"是的,孩子们,每一种草都有一种花,栽在精美花盆里的花是一种草,而生长在田地边和山间里的草也是一种花啊! 不论生活在哪里,你们和其他人一样都是一种草,也都是一种花。记住,没有一种草是不会开花的,再美的花也是一种草。"

评例1:小学学生王庆平在做好事的过程中由于一时的过失无意将教室玻璃打破。按理说:只要提醒他今后做事小心注意就可以了,为师者无需大动肝火。而熊老师在不作任何调查的前提下,滥用教师权力,用讽刺、挖苦、罚款的手段,一发自己的私愤,二惩学生的过失,使学生心里因高度恐惧,因蒙冤逆反,继而产生不上学的行为,给社会增添负担。

评例2:面对两位学生参赛的不自信,周老师没有讲大道理,而是用一个巧妙的比喻把每个人比喻成草,所有的草都会开出自己的花朵,所以每个人也都是花。然后进一步引申,不论生活在哪里,你们和其他人一样,都是一种草,也是一种花。从学生实际入手来说明道理,学生易于接受,并留有余韵让学生回味无穷。周老师打消了学生的思想顾虑,让两个学生高兴、轻松、自信上阵,结果两名同学都获得了一等奖,为学校赢得了荣誉,两位学生的人生从此也拥有了自信。

魏书生是全国著名特级教师、骨干教师、优秀班主任,他的教育艺术令人称赞,他的口语表达出类拔萃。魏老师要求学生全面发展,不断提高自己的能力与素质,有些学生不理解这一点,质疑说:"老师,我以后一不当官,二不当科学家,要那么高的能力和素质回家种庄稼?"魏老师并不说为祖国服务等冠冕堂皇的话,而是从小处着眼,引导学生正视现实生活。他坦诚地说:"孩子,如果你是个普通工人靠力气挣钱养家糊口,你心胸狭窄,脾气暴躁,哪个领导愿意用你?不用你,你还怎么挣钱吃饭?所以呀,一个人要活得顺顺当当,就得有开阔的胸怀、远大的理想、必胜的信心、顽强的意志,这些东西既能帮你当好大人物,甚至对你当小人物也有特殊的意义。小人物活着尤其难,没人顺着你,没人哄着你,你只有具备了各种良好的素质能力,才能什么事都看得开,做得好。"

三、良好的个性特征

(一)表现在情感方面

骨干教师满怀热情地对待自己的本职工作,对待自己的学生。情感作为把握人生的一种独特方式与认识相伴随,同时与美好行为的内化与升华相依存;美好丰富的情感是产生崇高道德行为的沃土,它能控制人体自然力的发展,调节活动量的释放,增进人的生理功能。骨干教师对自己本职工作的爱,对学生的爱使学生把他们当做知心朋友,进而"亲其师"到"信其道",再到"乐其业"。

(二)表现在意志方面

骨干教师的个性表现在意志方面的一个最显著特征是"许身孺子终不悔,换得桃李满园春"。骨干教师通常把自己的事业看得高于一切,即使生活中遇到再大的困难和挫折,也不会动摇他们从事教育工作的坚强信念。他们随时保持清醒的头脑,审时度势,准确把握教育良机,坚定果断地去完成自己的教育使命,这又将成为学生行动的楷模、同行的典范。

（三）表现在创造力方面

教育本身就是一种创造性的劳动。骨干教师和普通教师的劳动对象都是千差万别的学生，这些学生每人都有特殊的个性，他们的个性没有一成不变的规律可循，需要的就是创造精神。甲学生性格孤僻，乙学生性格开朗，丙学生性格温柔，丁学生性格暴躁，骨干教师要具备较强的心理学知识去针对这些学生的个性差异因材施教，培养开拓型、创造型的人才，要在同行之中树立楷模典范。骨干教师还必须具有创造性和开拓精神，要勇于迎接各种挑战，用创造的态度和科学的精神去设计、实施、评估自己的教学方法，不断创造出新的可行经验。这将使学生、使同行体会到骨干教师创造性的价值。

（四）表现在传授知识方面

骨干教师在教育教学方面与学生同行接触最多，一方面骨干教师直接或间接传授知识给学生，另一方面由于骨干教师教育教学基本功扎实，使得骨干教师在教育教学方面给同行起传帮带作用。骨干教师对学生及同行影响最大的是课堂知识的力量，它显示了骨干教师的教育力量。骨干教师的教育力量的能源则在于骨干教师本人的个性。因而，只有当骨干教师把知识与自己个性融为一体时，才能将自己的个性影响同行，影响学生的个性。

普通教师成为骨干教师的积累期

成长为骨干教师需要不断地加强学习、加强实践、加强积累、加强科学的自我反思及外部的支持与协助。教师的成长是伴随着教师职业生涯的个体社会化过程进行的，在与教育环境的互动过程中，不断调整自己的思想信念、价值取向，丰富自己的专业知识，提高自己的教学技能，满足自身各个不同时期不同层次的需要，从而表现出与其职业发展阶段相适应的教师角色行为。普通教师成长为骨干教师大致要经历积累期、成熟期、创造期三个阶段，本章将从这三个阶段谈谈普通教师成长为骨干教师的基本过程。

一、积累期的特征

作为刚刚从学校毕业走上工作岗位的新教师，逐渐熟悉备课、上课、辅导、批改作业、考试测验等教学常规性工作，完成从师范院校刚刚毕业的学生到新教师角色转换的突变，使得他们既有初为人师的愉悦感，又有一种因接触新环境而产生的拘束感。在他们中间，有可能成为骨干教师的苗子，一般表现出如下特征：

（一）热爱教师工作，立志成为一名骨干教师，对自己要求严，作风踏实，态度诚恳，工作主动，品行端正，形成了比较成熟的观念，积极参与意识强

有这样一个故事：一位秀才第三次进京赶考，住在一个经常住的店里。考试前两天他做了两个梦，第一个梦是梦到自己在墙上种白菜，第二个梦是下雨天，他戴了斗笠还打伞。这两个梦似乎有些深意，秀才第二天就赶紧去找算命的解梦。算命的一听，连拍大腿说："你还是回家吧。你想想，高墙上种菜不是白费劲吗？戴斗笠打雨伞不是多此一举吗？"秀才一听，心灰意冷，回店收拾包袱准备回家。店老板非常奇怪，问："不是明天才考试吗，今天你怎么就回乡了？"秀才如此这般说了一番，店老板乐了："哟，我也会解梦的。我倒觉得，你这次一定要留下来。你想想，墙上种菜不是高种吗？戴斗笠打伞不是说明你这次有备无患吗？"秀才一听，更有道理，于是精神振奋地参加考试，居然中了个探花。

积极的人，像太阳，照到哪里哪里亮；消极的人，像月亮，初一十五不一样。想法决定我们的生活，有什么样的想法，就有什么样的未来。

美国的石油大王洛克菲勒在给儿子的一封信中写道："天堂与地狱比邻。如果你视工作为一种乐趣，人生就是天堂；如果你视工作为一种义务，人生就是地狱。"此话让人颇有感触，尤其是信中洛克菲勒先生关于工作意义的精妙表述，真是让人充满敬佩之情。教师是一种社会职业，它可以是一些人所热爱的事业，也可以是谋生的手段。江泽民同志

在《关于教育问题的谈话》中指出："教师……首先,要求教师忠诚于人民的教育事业,热爱教育事业。"我们只有首先树立起对所从事的教育工作的热爱,才可能脚踏实地、一步一个脚印地成长为这个行业的骨干。优秀的教师具有"太阳每天都是新的"这种乐观的生活心态。他们胸襟坦荡,永远热爱自己的专业,乐于投身教育教学工作。真诚地关爱每个学生,对学生充满宽容和期待,为实现对学生科学智慧的培养,不管学生在基础、纪律和学习积极性上给教学造成怎样的困难,都不退却,满怀信心,坚信只要坚持到底,一定能成功,因此,优秀教师都有一颗年轻的心,涌动着青春的激情。

但是在实际生活中我们仍有可能遇到这样或那样的困难,比如说平淡的日常工作和难处的人际关系等,都会影响到我们对所从事的教育工作的热爱。实际上,平淡乏味的不是教书这个职业本身,而取决于你是否有梦想、有激情。如果我们能像热爱生命一样热爱工作,在工作中释放自己的热情,获取一份快乐,获取一份自信,我们一定能梦想成真。

看看这样两位老师吧:

浙江省"春蚕奖"获得者朱永春老师,作为一名农村初中的普通教师,面对一个个来自农村的孩子,朱永春老师把自己的热情都投了进去,痴心于教书育人,痴心于班主任工作。用他自己的话说:"我热爱教师这个岗位,尤其是班主任工作。"因此,他创造了一个个农村中学的奇迹:同时担任两个班级的班主任,任教的班级不仅在学业成绩上出类拔萃,而且为学校赢得了十几个全国的一、二、三等奖。

北京市通州区的庞玉老师,自 1979 年至今在教育田园里辛勤耕耘了 20 多个春秋。在职业活动中,他把热爱学生放在第一位,有了这种心境,师生之间就能处于一种和谐的状态,许多困难便迎刃而解,20 多年的教学生涯,记载着他的成功,记载着他的快乐,也记载着他洒下的辛勤汗水。

其实很多人从事的工作不一定是自己的选择、自己的所爱,然而随着时间的推移,这当中有很多人喜欢上了自己所从事的工作,把它作为自己一生的追求,庞玉老师就是这样。他常说:"刚开始工作时,很难说是热爱教师这个工作,只能说是自己具备了较好的教师素质,仅仅把当老师看成是一种职业,一种谋生的手段。"然而,光阴荏苒,庞玉老师终于体会到了"丰收"的喜悦。当他教过的成百上千的学生回到母校看望他,并与他坐在一起,如数家珍般回忆美好时光时,他感到了由衷的欣慰,感到了作为一个教师的无尚光荣和无比自豪。每当听到学生们谈起由于老师的辛勤付出,使他们终生受益并且获得某种成功时,他真正体会到了"太阳底下最光荣的职业"的乐趣,也越来越热爱教师这个工作。今天,他已经不仅仅把教师看成一种职业、一种谋生的手段,而把教师当成自己的事业去追求,并准备为之奉献一生。如今,他不断取得教育教学新成绩,成为通州区骨干教师,通州区首批学科带头人。

教师既是一种专业,同时也是一种职业。也许你还没有走上教师岗位的时候,就已经想到了要跳槽。我们常常听到一些教师感叹:教师太苦,教师清贫,下辈子再也不做教师! 这就说明教师职业本身并不必然是幸福的。有很多人明知教师职业的清贫和清苦,却依然痴情于教,孜孜以求,并创造了辉煌业绩,究其因,是他们深深地领悟到了从事教育创业的外在的社会贡献价值与内在的自身生命愉悦价值的完美统一,是因为在实践中他们品尝到了教师职业是一种使人类和自己都会变得幸福的职业。教师的幸福来自于他在从事教师这个职业时的积极创造,来自于他在教育过程中的角色体验。教师只有在认识到了教师职业社会价值的同时,又认识并体验到了由职业的创造性特质带来的对于教师自身的尊严与欢乐,才会真心去爱、全身心去投入。陶行知先生的"捧着一颗心来,不带半根草去",讲的就是教师的一种终身忠诚于事业的奉献精神。从这个角度来说,教师人生的幸福也许并不是获得什么,而是一直不断地追寻什么。当然幸福并不永远表现出轻松自在的人生,教师的幸福便是一种"由内而外流淌出来的甘霖",既有丰富的人生内涵,而又有无尽的人生体验。

教师只有热爱自己的工作,才能摆脱很多世俗的束缚。热爱教师岗位的关键,就是教师对自己的岗位具有浓厚而稳定的职业精神。

热爱学生也是是师德的核心。"没有爱就没有教育"。师德是一种爱,必须用爱心唤醒爱心。老师要平易近人,放下架子,宽待学生,不歧视、挖苦、体罚差生。你刚从教时可能不一定热爱你的学生,但你既然从事了这一职业,就应承担你相应的责任,你得关注学生的学习与成长,而且,你不要将关注仅仅停留在意识里,而应让学生摸得着,感觉得到。你拾起学生掉在地上的橡皮,耐心回答学生的提问,常与学生个别谈心,甚至只是走道里的一声问候,这些都是能让学生摸得着的关注。

(二)有良好的人际关系,为群众所欢迎,被领导所接受认可

在现代社会中,人们追求高质量的生活,需要人与人之间的真诚、理解、和睦相处,人们追求事业上的成功,需要团结互助、平等友爱、共同前进的人际关系。有人甚至提出在群体中生存,40%靠能力,60%靠人际关系,我们且不论是否人际关系比工作能力更重要,但是,由此我们不难体会到良好的人际关系在人们的社会生活中所具有的十分重要的作用,而在知识分子相对集中的学校,处理好人际关系,显得尤为重要。

1. 良好人际关系的意义

在社会生活中,每一个人的人际关系状况都对其人生产生重要的影响。人际关系对人生的意义,具体表现可以概括为以下几个方面:

*(1)良好的人际关系是人身心健康的需要。*一个人如果身处在相互关心爱护,关系密切融洽的人际关系中,一定心情舒畅,有益于身心健康。良好的人际关系能使人保持心境轻松平稳,态度乐观。不良的人际关系,可干扰人的情绪,使人产生焦虑、不安和抑郁。

*(2)良好的人际关系是人生事业成功的需要。*人际关系对人生业绩的影响很大,是人们取得成功的重要条件之一。若有良好的人际关系和正确的处世技巧,将有助于个人在事业上的成功,良好的人际关系能为一个人事业的成功创造优良的环境。

*(3)良好的人际关系是人生幸福的需要。*人生的幸福是构建在物质生活和精神生活的基础上的。人生幸福必然包含有物质生活的内容,创造人生物质生活的幸福,会受到人际关系状况的影响。良好的人际关系有利于营造使人在物质生产过程中充分发挥创造力的优化环境,人的积极性创造性的发挥,能增加物质财富的生产,丰富人们的物质生活;良好的人际关系也使得人与人之间的物质交往渠道畅通,人与人之间互通

有无,互利互惠,可能得到更多的物质享受的幸福。

人生幸福还必然要求精神生活的满足。精神生活的状况,如思想道德、理想情操、心理境况等都与人际关系密切联系。人需要有思想感情上的交流。一个志同道合又积极向上的人际关系群体中,和谐健康的人际关系形成的是一个和谐、信任、友爱、团结、理解、互相关心的客观环境。在这种环境中,人与人之间思想感情上的交流,能使人们从中汲取力量和勇气,使人在碰到挫折、困难时得到别人及时的帮助,通过交流达到互相理解;能使人处在一种舒畅、快慰、奔放的精神状态中。容易形成乐观、自信、积极的人生态度,人们的精神情操、心理环境得到净化,思想境界得到升华。

2. 处理人际关系的原则

人际关系虽是一种错综复杂的社会现象,但其存在和发展还是具有规律可遵循的。在这里我们将处理人际关系所涉及的九项主要原则罗列,以供大家参考。

(1)择善原则。是指建立和发展人际关系时,不能盲目从事,而要有所选择地进行。不仅要"择其善者而从之,择其不善者而弃之",而且要"两害相权,取其轻,两利相权,则取其重"。善者,是指对社会、对他人、对自己无害或有益的人及其关系。在建立和发展人际关系时,首先要考虑自己与交往对象相互需要是否有益于社会、有益于他人。如果是有益的,就采取积极态度;如果是有害的,就要坚决放弃。

(2)调衡原则。是指协调平衡各种关系,使之不相互冲突与干扰。一个人的精力和时间是有限的,建立人际关系的目的是为了满足需要,不能过多或不足。过多则忙于交往,影响自己履行岗位职责;不足则会使自己陷于孤独苦闷,导致信息闭塞、孤立无援,使自己减少了发挥能力的机会与范围。所以要经常协调平衡人们需要与时间、精力之间的关系。

(3)积极原则。是指在人际交往行为中要主动、态度要热情。即待之以礼,晓之以理。如在机关工作中,对来办事者,一请坐,二倒茶,三办事,四送出,主动认真,必有利于消除隔阂,密切关系。主动的作用还表现在文明礼貌的语言中,表现在热情的交往态度上。热情比任何暴力更容易改变别人的心意,没有热情,人际关系就会变得冷漠,暗淡无光。

(4)真诚原则。真诚是做人的基本要求,也是人际交往的基本原则,要以诚相待。信息反馈原理告诉我们:有良好的信息输出,才能有良好的信息反馈,实现人与人之间的心理交融。真诚是一种传统美德,"精诚所至,金石为开","良药苦口,唯病者能甘之;忠言逆耳,唯违者能受之";"心诚则灵"。这些都是对真诚及其作用的高度评价。

(5)理解原则。主要是指关系双方在人际行为中互相设身处地、互相同情和谅解。只有相互理解,才能心心相通,才有同情、关心和友爱。"人之相识,贵在相知;人之相知,贵在知心"。关系主体双方要互相了解对方的理想、抱负、人格等情况;了解彼此之间的权利、需要、义务和行为方式。要相互体谅、互相包涵、不斤斤计较、吹毛求疵。要善于"心理换位"思考,这样,不管在平常交往,还是在人际双方发生矛盾,产生冲突时,都能妥善处理之。

(6)守信原则。就是在人际关系中讲求信用、遵守诺言。守信乃处事立世之本,要"言必信",说真话,说话算数要"行必果",遵守诺言,实践诺言。在交往中,要不轻诺,不轻诺是守信的重要保证。要严守对方的秘密,不炫耀和披露大家不知的隐私,也不要依据自己的臆想来推测对方如何如何。在市场经济中,"信誉就是金钱"的箴言已为越来越多的人所承认和接受。

(7)平等原则。尊重他人的自尊心和感情,不干涉他人的私生活,人格平等。在交往中,情感对等、价值对等、地位对等、交往频率对等。如通信交往,次数基本对等;单位交往,科长接待科长。像对待朋友那样平等地对待交往对象,寻求相互认识、相互理解的方法,关心、体谅、理解他人。平等具体体现在政治平等、法律平等、经济平等和人格平等方面。

(8)相容原则。相容,即宽容,是指宽宏大量、心胸宽广、不计小过、容人之短、有忍耐性。相容不是随波逐流,不讲原则,容人正是为了把原则性与灵活性有机结合起来,以便更好地达到自己的远大目标。要有谦让精神,做到有理也让人;要将心比心,"己所不欲,勿施于人";要大事清楚,小事糊涂;要严于律己,宽以待人。

(9)适度原则。即在人际关系中的一切行为都要得体,合乎分寸,恰到好处。这是人际交往中最重要的一个原则,是唯物辩证法关于质、量、度观点在人际行为中的具体体现。过与不及,皆为不妥。如:自尊、自我表现、忍让、诚恳热忱、信任他人、谨慎、谦虚、交往频率、言谈举止等都要适可而止。

骨干教师在工作中,有良好的人际关系,他能尊重长者,学习虚心,工作踏实,不太计较个人得失,他们一般胸襟开阔,乐观开朗,豁达谦逊,能接纳和容忍他人的一些不足,能关心同事,并能为他人提供及时的帮助。因此,骨干教师容易得到群体的认同。

(三)熟练掌握教育教学基本功,积累了一定的教育教学经验,开始初步形成教育教学的风格

成长的积累期,也是教学新手的转变时期,在这阶段要实现两个转变。一是由师范生向教师角色的转变,从"站上讲台"到"站稳讲台"。二是由理解知识向教学能力的转变。青年教师要多进行一些教育教学实践,在解决具体工作问题的过程中熟练掌握教育教学基本功,积累一定的教育教学经验,由合格型教师成为有特色的教学能手,初步形成自身的教育教学风格。关于熟练掌握教育教学基本功,积累一定的教育教学经验的问题较易体会,但是,教学风格的形成却是一个不太容易把握的问题。

教学风格是什么呢?有学者认为所谓教学风格,是教师在长期教学实践中逐步形成的,富有成效的一贯的教学观点、教学技巧和教学作风的独特结合和表现,是教学工作个性化的稳定状态之标志。教学风格的本质特点在于它的独特性,这种独特性表现在许多方面,如独特的教学语言、教学方法、教学风度和教学机智等(李如密,1986)。也有学者认为教学艺术风格主要是优秀教师在长期教学实践中逐步形成了各不相同的相对稳定的教学艺术个性和特色(董远骞,1993)。还有学者认为,所谓教学风格,是有经验的教师经过长期教学实践的探索,在符合教学目的和教学规范的前提下,充分调动自己的教学素养条件的能动性,对教学的诸要素和全过程予以和谐的统摄,从而使教学表现出浓郁的个人特色和艺术倾向性(刘和平,1994)。青年骨干教师的成长除了需要勤于学习,善于学习以外,还需努力实践,刻意求新。一是多听一些富有教

学经验和讲课艺术的名教师的课,二是多阅读有关教学的书刊。把人家先进的教学方法,处理教材的艺术性、心得体会,创造性地引进到自己的教学中去,形成自己的教学风格。

下面摘录的是一名数学骨干教师的论文,文中结合他自己的教学经历,谈谈怎样在数学教学中逐步形成自己的教学风格,举一反三,希望给大家一些启发。

努力形成鲜明的教学风格

教学风格是教师在长期教学实践中逐步形成的、富有成效的一贯的教学观点、教学技巧和教学作风的独特结合的作用,是教学工作个性化的稳定状态的标志。本文拟结合自己的教学经历,谈谈怎样在数学教学中逐步形成自己的教学风格。

一、博采众长的模拟阶段

1972 年至 1981 年是我从教的最初十年。作为一名青年教师,除了刻苦钻研大纲、教材,大量解题,深入研究解题规律,苦练教学语言、板书、黑板画等教学基本功以外,我对自己的执教套路和风格曾做过初步设计:继承对自己有深影响的名专家、名教师的优良教风,吸取他们教学技艺、教学风格中的精华,结合自身条件和特点,扬长避短,以模拟起步。

模拟的第一类对象是自己曾听过其讲学的著名专家和学者。1965 年在清华大学我曾听过著名数学家赵访熊的讲座《怎样学好高等数学》。1974 年在安徽贵池我曾听过著名数学大师华罗庚的讲座《优选法及其应用》。1979 年在无锡市科协会堂我曾听过著名学者邵品琮的讲座《哥德巴赫猜想》。这三次高水平、高品位的学术报告给我留下了终身难忘的印象,使我领略到了数学教学艺术的最高境界。华罗庚教授、赵访熊教授,沉稳老练、居高临下、深入浅出、诙谐幽默的讲学风格,邵品琮教授镇定自如、精辟深刻、生动形象(用拟人化手法讲自然数)、妙语连珠的讲学风格,令在场的每一位听讲者赞叹不已。

模拟的第二类对象是自己学生时代的老师。中学六年我就读于无锡市二中,周永菊、阮扶九、龚锡泉、许寄尧、周祥昌等全市闻名的数学教师都曾教过我。1964 年考入清华后,汪鞠芳老师(曾兼任中央电视台

《高等数学》课主讲教师)曾教过我两年《高等数学》。这些名教师风格各异、各具特色。例如,汪鞠芳、周永菊老师思路清晰、条理分明;阮扶九老师精神抖擞、讲课质朴严谨;龚锡泉老师教学语言精练、板书及黑板画美观(徒手画图堪称一绝);许寄尧老师擅教平面几何,以分析透彻、推理严密而著称;周祥昌老师机智灵活,擅长巧解数学题。这些优秀教师当年的教学风姿,连同他们的音容笑貌,都深深地铭记在我脑海中,他们的成功经验,成为我教学生涯中受用不尽的财富。

模拟的第三类对象是本校教师中学有专长、教有特色的老教师。例如,李泰祺老师典雅、严谨的教风,鲍彭春老师规范、漂亮的板书等,功底都很深。

这些名家高手在教学中富有特色的一招一式都有很高的示范价值。当时我的想法是:博采众长,把这些老师各自教学特色中最亮丽的"闪光点"会聚起来,用心领悟其真谛,归纳出在数学教学中遵循的若干个"要"和"不要",并从讲台形象、语言特点、教法技巧等方面给自己"量体裁衣",进行总体设计,在脑海中勾画出一个理想化的教学风格"样板模型",供自己在实践中模拟,力求从"形似"升华到"神似"。

经过10年的反复实践、反复磨炼,我初步形成了自己教学风格的基本式样:讲台形象——朴实、镇定、自信,精神抖擞;教学思路——脉络分明,条理清晰;语言表达——严谨、生动、幽默;板书——工整,详略得当;黑板画——规范、熟练(也会徒手画图);解题指导——灵活,富有启发性,讲究多解、巧解。事实上,在这一基本式样中含有许多师从上述各位名教师的成分,它是我教学风格成型的基础。

二、形成教学特色的提高阶段

模拟达到熟练的程度之后,经过自己的思考和探索,就可按自己的教学思路、表达方式进行教学,进入形成某些教学特色的提高阶段。

20世纪80年代,我的教学观念更新较快,并通过带教改试点班,上公开课(10年内共计上过60多节),参加编写江苏省中师数学教材,参加全国、华东地区及省内中师、中小学教研活动,其中包括担任江苏省和贵州、云南、广西三省区中师数学教材讲习班主讲教师等努力提高自己,形成了一些教学特色。

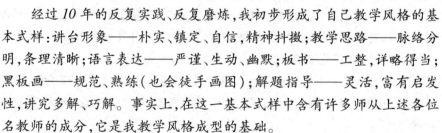

特色之一是:对教材内容的处理有一定创造性。能通过对教材内容严格细致地剖析,化整为零,合理增删,然后重新组合,使其形成一个由浅入深、由表及里、由部分到整体、由因到果的过程结构,使其成为学生容易适应的知识框架,使其化为染上鲜明的个性色彩和附加多种可感因素的具体形象。

特色之二是:教学方法比较灵活。能根据教学难度的高低与学生的接受能力恰当地选择和使用教学方法,把多种教学方法合理地结合起来使用,确定教学方法时不是以课时为单元而是以重要知识点为单元来考虑。我采用"读、议、讲、练、问、答"的教学法提高中师数学教学质量的经验,曾在1984年江苏省中师数学年会上作专题介绍。

特色之三是:教学手段较新。较早地把电子计算机辅助教学手段引进课堂。在i986年十省市中师数学年会上,我自行设计软件,用计算机辅助教学《独立重新试验》,因效果好,给人以面目一新之感而受到一致好评。

特色之四是:能力培养的策略和做法行之有效。《在数学教学中培养学生的自学能力》一文曾发表于全国性刊物《师范教育》。

特色之五是:《代数》和《计算机算法语言》这两个科目成为我任教科目中较突出的强项。由于参编教材,对这两个科目的教材体系十分熟悉,对教法的研究也较深入。

特色之六是:语言表达能力较强。数学语言严谨、精练,课堂教学用语流畅、生动、形象,富有幽默感,对学生有吸引力,能有效地激发学生的兴趣。

三、形成教学风格的成熟阶段

将一些个性化的教学特色有机地结合起来,并在教学实践中逐渐稳定下来,使之成为一种在一贯的教学活动中表现出来的式样格调,这就是教学风格形成的标志。关于自己教学风格的形成,我的想法是:(1)在整个教学活动中,在个人的教学风格中,教法并不起决定作用,起决定作用的是决定教法的指导思想。(2)个人的教学指导思想必须合乎时代发展的要求。现代教学观念的核心在于培养学生的主体意识和参与意识,突出以素质教育为中心的系统原则。(3)要全面认识数学教学的功能。它不单纯是教会学生掌握数学工具，更重要的是要进行文化素质教育，要通过严格训练，使学生养成坚定不移、客观公正的品格，形成严格而精确的思维习惯，激发追求真理的勇气和信心，锻炼探索事理的能力。（4）最好的教学方法是让学生理解和参与，改变学生"被教、被管、被考"的被动角色，树立学生自立、自强的"主人"意识。（5）教师不应当只扮演"奉送真理"的教育者，应当成为明智的指路人、辅导员，帮助学生主动学习、学会思考。这些观点就是上述那些已形成的教学特色的结合点，是自己教学风格的内在基础和重要组成部分。

根据本人的综合条件和个性特点，根据风格的外在表现，我把自己的教学风格归属于"理智型"。在近几年的教学中我的这种风格已趋于稳定。

就教学形态而言，"理智型"风格体现"理"中带"智"。这里的"理"是指数学逻辑严密，想象丰富，联想开阔，教学系统内部各因素和各部分之间协调、统一，系统性强；这里的"智"是指随机应变，弃旧求新，化静为动，变直为曲，寓情于理，寓趣于理。

就课堂教学结构而言，"理智型"风格常表现为课的开头有一个发人深思的切入点，课的中间部分线索清晰、层次分明，教学方式变化有致，教学环节与阶段之间的衔接自然流畅，课的结尾合乎逻辑。

就教学方法而言，"理智型"风格对各种教学法都具有"兼容性"。在本人的教学实践中最常用的就是"读、议、讲、练、问、答"教学法。我认为这种教法特别适合于中师数学教学，适合于教师当"明智的辅导员"。

教学风格是发展的。我今后的努力方向是"精益求精"。

在骨干教师成长的积累期，虽然已熟练掌握教育教学基本功，积累了一定的教育教学经验，但教学的风格还处在初步形成的模仿阶段。这个阶段新教师由于缺乏教学实践与经验，模仿较多，创造较少，对课堂教学的规律性、学生的学习特点还处于了解阶段和认识阶段。对于一个新教师来说，模仿是必要的，但教师自身不能消极停在这一水平上，而应在模仿、借鉴他人经验的同时，结合自己的实际认真思考，消化、吸收适合自己特点的有益的"内核",努力发现和总结自己在教学中的实践经验和教训,以充实自己在课堂上的"自立"因素。

当然,模仿既有积极主动的模仿,也有消极被动的模仿。优秀教师的成长表明,他们一开始任教就避免不顾实际和自身特点而消极模仿别人教学经验的做法。钱梦龙老师从任教伊始,就一方面注意模仿别的优秀教师的先进做法与经验,另一方面注重结合自身的条件和对教学过程的认识,对当时语文教学中流行的"讲派"进行批判借鉴,终于形成了自己"三主""四式"语文导读法,在全国语文教学园地异花独放。因此,不考虑自己的个性特点,自己任教学科的性质、学生实际等,采取盲目、消极模仿别人教学方法等做法,是不可能最终形成具有自己特色的教学风格的。

著名作家孙犁说过:"风格的形成,带有革新的意义。"又说:"创造一种风格,是在艺术的园林里栽培一株新树。"创造一种教学风格,也是在教学艺术的园林里栽培一棵新树,教学风格的形成,标志着教师教学艺术的成熟,因此,它是一切有志于教育事业的教师所孜孜以求的。那么,怎样才能使自己的教学风格早日成熟呢? 一般应有以下几条原则是应该遵循的:

1. 必须对自己所教的专业充满激情

因为艺术最本质的东西是以情感人,教学既然是一门艺术,当然也应如此。一个不喜欢甚至厌恶自己所教学科的教师,即使学富五车,才高八斗,也难以形成自己的教学风格。激情是一切艺术风格之母。作为教师,没有对事业的执著的爱,只有技巧而无感情的教学,顶多只能成为教书匠,成不了艺术家。

2. 要有清醒的自我意识

这一点相当重要。马克思主义认为:复杂的社会生活进程里,要求人们控制自己的行为,对自己的行为负责。因此,人不仅要认识外部世界,而且也要认识自己,认识自己在事业中所处的地位、作用以及评价自身行为的社会意义。自我意识是把自己当做认识的对象,是对自己的心理、思维以及行动过程、内容、结果所进行的认识感觉和评价。自我意识主要通过自我体验、自我分析和自我评价,达到自我控制和自我调节的目的。自我意识的内容包括智力因素和非智力因素两大类。在智力方面,要全面了解自己在观察力、注意力、记忆力、想象力、思维力等方面的优势和劣势之所在。不仅如此,还要了解自己的智慧品质的诸多方面:

(1)智慧的广度,指的是完成认识课题过程中智力所能涉及的范围。

(2)智慧的深度,指的是在这个过程中智力作用所能达到的深刻和深远的程度。

(3)智慧的敏捷,指的是完成认识课题的速度。

(4)智慧的准确性,指的是完成认识课题的确切程度。

(5)智慧的灵活性,指必要的智力改变活动方向的能力。

(6)智慧的条贯(顺序)性,指遵循逻辑顺序完成认识课题的坚定程度。

(7)智慧的独立性,指的是确定完成认识课题的途径和方法的自主程度。

(8)智慧的依从性,是指完成认识课题是否善于汲取他人的有关成果和经验的程度。

(9)智慧的批判性,指认识活动中善于严格地估计认识材料和精细地检查认识过程的能力。

理想的智慧品质是一个有机的系统,这个系统由上述九大要素组成,因此理想的智慧品质应当是上述九个方面的和谐发展。另外,对影响创造力发展的因素也要全面了解。首先是遗传和生理因素。据研究,独立的大脑左半球同抽象思维、言语、计算、书写、分析细节等活动有关;而右半球则在具体思维(形象思维)能力、直觉能力和想象能力方面胜于左半球。虽然大脑两半球的和谐发展与协同作用是创造力发展的物质基础,但是,大多数人要么是左脑较发达,要么是右脑较发达。

其次,是环境与教育的因素,主要指家庭、学校、社会在教育方面对自己的创造力的发展有哪些积极和消极影响。

第三,是个体主观因素(包括情绪、意志、兴趣、性格等因素)。比如,应该比较清楚地了解自己属于四种气质(暴躁、活泼、沉静、忧郁)中的哪一种(或哪几种的综合)。因为不同的气质体现了不同的个性特点,因而分别适合于创造不同的教学风格。可见,这种"知己"是相当重要的(当然,"知己"的目的还包括不断完善自己)。

3. 模仿

有人在论教学艺术的文章中夸大教学风格的直觉性,说它是"不可能也容不得超前的预想、进行中的深思甚至过后的反省",认为教学风格是不可模仿的。这种看法不仅在理论上是片面的,如拿来指导实践,则危害非浅。正如鲁迅先生所说的,如果单凭自己的经验一条暗胡同,一任自己去摸索,走得通与否,大家听天由命。结果绝大部分人是浪费光阴。也许正是因为这个原因,所以澳大利亚著名教育家斯坦托姆才说:经验是最好的老师。这个看法对吗? 20 年的教学经验也许只是一年工作的 20 次重复。无数事实证明,对绝大部分人而言,没有一个模仿的过程,独创几乎是不可能的。事实上,人心中的联想和类比,从某种意义上来说就是思维的模仿。科学上的仿生也可以说是模仿带来的创造。中国佛教是"模仿"印度的,但中国的佛教决不是印度的佛教,其影响也比后者大得多。模仿并不必然导致没有创见,恰恰相反,模仿往往诱发创见,因为任何一个有主体意识的人,其模仿决不会也不可能像复印机。可见,关键不在于可不可以模仿,而在于模仿什么,如何模仿。这方面要注意以下三点:

(1)"拿来主义"的态度。要有"识",即对成熟的教学风格要有鉴赏力,有眼力。因为成熟的教学风格内部结构也不是一个层次的。既然不能完美,就必有瑕。模仿借鉴要"取法乎上",得其精髓。国画大师齐白石有句名言:"学我者生,似我者亡!"说的就是模仿要注重"神似"。

(2)模仿借鉴要适合自己的条件,要灵活运用所学到的技巧和方法,因为"最好的方法,在若干情况下,必然成为最坏的方法"。

(3)要不拘一家,博采众长。总之,知己知彼,模仿才能做到"不殆"。

4. 学而不厌

苏霍姆林斯基说过,教师所知道的东西,就应当比他在课堂上要讲的东西多 10 倍,多 20 倍,以便能应付裕如地掌握教材,到了课堂上,能从大量的事实中挑选最重要的来讲。陶行知先生也说:"惟其学而不厌,才能诲人不倦;如果天天卖旧货,索然无味,要想教师生活不感到疲倦是很困难的了。"又说:"所以我们做教师的人,必须天天学习,天天进行再教育,才能有教学之乐而无教学之苦。"孔子说过一句名言:"知之者不如好之者,好之者不如乐之者。"实际上,"知之"可以导致"好之","好之"可以导致"乐之"。

5. 要形成一个良好的心理定势

成熟的教学风格是教师在教学过程中自然地表现出来的一种稳定的教学风貌。教学风格往往能够体现一个教师独特的审美情趣、思想倾向、思维方式,乃至气质、性格、能力、修养等众多的个性因素。但这并不意味着如果一堂课体现了以上所说的诸因素就可以说这位教师已形成了自己的风格。只有这些因素在他的所有课堂教学中得到了稳定持久的表现才可以这样说。因此,教学风格的形成有赖于一个稳定的心理模态,即形成一种定势。天道酬勤。如果一位教师经过长期的刻苦实践,使这种定势以一种不自觉的心理准备,以潜在的心理形式规范和制约着自己的教学活动,并在其教学活动中留下印迹,而不论其具体的教学内容是什么,那么,我们说,这位教师具备了这种心理模态。换句话说,在教学中,他已从"有技巧"而至于"无技巧"的境界,从必然王国走向了自由王国,在课堂上,他就能"随心所欲不逾矩"了。

(四)渴求学习现代教育理论与他人的经验,对教育科学研究开始产生浓厚的兴趣,不断反思总结,初步具备了教育研究能力,有论文观点被注意或引用

有这样一则寓言:

在非洲的大草原上生活着羚羊和狮子。每天清晨,羚羊从睡梦中醒来,它想的第一件事就是,我必须比跑得最快的狮子还要快,否则,我就会被消灭。而狮子也同时在想:要想得到今天的美餐,我必须比跑得最快的羚羊快,否则我就会被饿死。于是在广袤无垠的大草原上,无时无刻不在演绎着惊心动魄的生死搏杀,优胜劣汰的自然法则在这里体现得淋漓尽致。

这是一个竞争激烈的时代。在这个世界上,如果你不努力学习,适应社会,那么你将被社会所淘汰。你要想不被社会所淘汰,你就必须用"淘汰自己"的精神去学习。成功者不一定有文凭,但一定是善于学习的人。学习能力是新一代成功人士的特质。善于用知识武装头脑,并转化为行动力的人,一定会成功。作为一名骨干教师,渴求学习,渴望掌握现代教育理论与他人的经验,应是其基本需求。勤奋学习,是提高本领、做好工作的前提。学习是一种能力。所谓学习能力,通俗地讲就是获取知识、增长才干的本事。这既是当务之急,又是一个持久的过程、逐步提高的过程。重视学习,提高学习能力当然要学会本行业的一切必要的知识,并不是一件简单的事,必须经过艰苦的努力才行。

21世纪是以知识的创新和应用为重要特征的知识经济时代,科学技术迅猛发展,国际竞争日趋激烈,国力的强弱越来越取决于劳动者的素质。21世纪也是教育和学习起核心作用的时代。教育事业的快速发展,使我们在教育战线工作的人感到欣慰的同时,更感到了压力。要想跟上时代的步伐,必须要加强自身学习,提高自身素质。要实现课程改革的创新,必须从根本上实现教育理念的转变。作为一名教师,特别是有志成为骨干教师的我们,应该全面掌握本专业知识及发展动向,同时还必须要有先进的教育理念、高尚的师德修养。否则就很难适应新世纪的教学需求。要学会本行业的一切必要的知识,并不是一件简单的事,必须经过艰苦的努力才成。

具体到提高学习能力的问题,对于我们一般可分为三个层面:一是能够阅读的能力。能够学习并能准确理解所学内容,了解其内涵,把握其真谛、精髓、实质,这是前提,否则,就难以更好地提高学习。二是能够钻进去、跳出来的能力。一方面要专心致志,用功学习,寻求"真知"。学习不能"撒芝麻盐",要"打深水井",切实深入进去,甘心在浩瀚的知识海洋里徜徉,并能够去粗存精,去伪存真,真正消化吸收,变"他知"为"我知"。要在学习掌握丰富知识的基础上,善于通过外部特征和表面联系,以科学的理论为指导,借助于科学抽象力和理论洞察力深入分析矛盾和问题,形成关于对象的本质的和发展规律的理性认识。另一方面要在了解、读懂的基础上,能够跳出书本,用所学的知识来认知世界,进而改造世界。三是能够进行理论创新的能力。在运用所学知识指导实践的同时,善于做"结合"的文章。运用不是照抄照搬,须具体问题具体分析,具休把握,灵活运用,并从中不断总结新鲜经验,进行理论创新,形成新的理论,不断完善知识体系。这是学习能力最高层次的表现。

教师不仅是知识的传播者,也是知识的创造者。在教育、教学中,教师天天接触学生,最容易寻找到需要研究的问题,随时可能有新的课题出现在教师面前;教师也能掌握教育研究的效果,及时获得反馈信息,并能进行重复实验,对进行教育研究具有得天独厚的条件。因此,教师要具备一定的教育科研方面的知识、技能和能力。教师职业的基本特点主要表现为两方面:一是教师工作的长期性、复杂性和艰巨性。它是由学生的认知特点和学习规律决定的。二是教师工作的发展性与创造性。发展性是指教师工作内容、方式、效果都在不断变化,不存在固定、无变化的单一表现。创造性是说教师工作发展变化是以不断创新的形式表现,不因循守旧。教师要适应教育对象在不断的变化,就一定要对教育科学研究开始产生浓厚的兴趣,不断反思总结,具备初步的教育研究能力,避免"三十年重复一年的经验"的悲剧。教师要善于积累工作中思维的火花,不断强化成果意识和成才意识。做一个思考的老师,而思维的火花往往会在你上床后的那一瞬间,或者是在你醒来的那一时刻,有时甚至是在凌晨乃至你的睡梦中闪亮,在你的床头放一本记事本和一支铅笔,迅速地记录你思维的火花,这有助于你自身的提高,最终提升你自己。经常及时地将教学中的感悟、反思以及学生对一些问题的新想法记录下来,定期整理并形成论文。撰写研究论文或报告也是这一阶段的重要工作,它是对课题研究的成果、过程和解释等内容的综合陈述。只有言语明确、科学、有说服力的研究论文或报告,才能有效地与他人交流,才能使本课题研究的成果得以普及和推广。

教师教育科研的能力主要涵盖以下几方面:

1. 发现问题的能力

教育科研是从发现问题开始的。能否在教育实践中发现有价值的问题,并把它作为中小学教育科研的课题,成为关键一环。这就在客观上要求教育科研工作者必须具备发现问题的能力,这是教育科研不可缺少的能力素养。

2. 信息搜集、处理的能力

信息处理包括信息的获取、识别、分类、编码,也包括对信息的分析、评估,以及利用信息作出决策、解决问题等。从某种意义上说,中小学教育科研的过程,就是在获取、掌握、处理、应用教育信息的基础上,解决教育中存在的问题的过程。

3. 开拓创新的能力

中小学教育科研是一种崭新的创造性的活动,它所要研究的课题,常常是既没有现成的经验可循,也没有现成的模式可用。这就需要教育科研工作者必须具备开拓创新的能力,能适应创造性地分析问题和解决问题的需要。

4. 文字表达的能力

要求教育科研工作者把经过潜心研究得出的新认识、新思想、新办法等诉诸文字,通过教育科研报告或教育科研论文、著作等形式表达出来,从而更好地发挥教育科研成果的作用。

(五)具有一定的可塑性,成为学校教学骨干的地位基本
　　　稳定下来,但仍有可变性

教师在教学实践中,会面临各种机遇,同时会自己创造机遇。而最关键的是把握机遇。俗话说,成功总是留给有准备的人。而一旦有机遇,优秀教师会因为其业务精、能力强而能挑战成功。优秀教师在工作中,有良好的人际关系,他能尊重长者,学习虚心,工作踏实,不太计较个人得失,他一般胸襟开阔,乐观开朗,豁达谦逊,能接纳和容忍他人的一些不足,能关心同事,并能为他人提供及时的帮助。因此,优秀教师容易得到群体的认同。

二、积累期要注意的问题

(一)必须坚定自己的职业操守和教育信仰

刚从大学毕业的新教师,满怀很多憧憬。很多教师都没有做好当教师的心理准备就踏上了讲台,很多教师对教师职业的认识还很模糊就进

了校园。不理想的待遇、现实的人际关系导致新教师专业思想不稳固现象很普遍。但既然选择了教师职业,你必须坚定自己的职业操守和教育信仰,不能简单地把教师职业当成谋生的唯一手段,如果这样,你专业成长的生命力将缺乏持续的动力,并很快产生职业倦怠,从而采取混日子的生活态度,这既是对学生的伤害,也是对自己专业成长的不负责任。

(二)要不断反思,养成定期总结的习惯

苏格拉底说:"没有经过反省的人生是不值得过的。"反思是教师以自己的职业活动为思考对象,对自己在职业中所做出的行为以及由此产生的结果进行审视和分析的过程。美国心理学家波斯纳提出教师成长的公式:成长 = 经验 + 反思。他还指出,没有反思的经验是狭隘的经验,至多只能形成肤浅的知识。在新课程实施中,反思的本质是一种理解与实践之间的对话,是这两者之间的相互沟通的桥梁,又是理想自我与现实自我的心灵上的沟通。"要让反思成为教师的生活常态",更主要的是培养自己自我反思的习惯,养成反思的意识,使自己形成独特的个性与思考的习惯。

根据教学的需要,对教学行为反思具体可以采用以下操作形式:一是在成败中反思:教后记、反思日记等。还可以写成故事性的随笔故事,或者是自己的一些失败经历。也可以写成工作日记型的,简短易记。二是在对比中反思:通过听课、评课、观察自己教学录像的教学反思。把教学过程给人启迪的地方写下来,反思成功之举、失败之处、智慧之光、学生之见,正是这看似平常却给人深省的课后小记,能使我们经常梳理自己的课堂,改进自己的教学方法,提高自己驾驭课堂教学的能力。三是在实践中反思:在反思活动中训练反思,在反思训练中提高教学监控能力。四是在学习中反思:在理论学习、向专家、同行、学生及家长学习中反思自己的教学行为。思考要走在工作的前面,一名骨干教师,必须善于思考,要善于观察生活中的点滴事件,并能从中引发思考,产生思想。如果缺乏思考,缺少思想,我们的工作就会失去了活力和生命力。要想我们的思想保持先进性,就必须把思考作为一种习惯,一种工作习惯。

（三）要善于做一些职业生涯的规划，让自己的专业成长道路更加宽广

教师的工作很平凡，但也可以很充实。作为一名普通教师，如果潜下心来工作，可以做很多事情，寻常的生活可以避免单调和乏味。教师应当坚持通过自己的教育实践，让平凡的工作赋予更深的意义。作为一名教师，如果注意关注工作中的真问题，其实也能做一些有价值的研究，因为教育教学工作也有许多值得研究和探索的地方。俗话说"十年磨一剑"，只要能够坚持，坚持自己的教育理想不动摇，一定会有成效。

（四）要善于把握机遇

机遇会随时不经意从每个人面前流过，要善于把握机遇。要有能吃苦、肯吃苦、吃得了苦的心理准备与承受能力。教师在教学实践中，会面临各种机遇，同时会自己创造机遇。而最关键的是把握机遇。一旦有机遇，骨干教师会因为其业务精、能力强而能挑战成功。

普通教师成为骨干教师的成熟期

一、成熟期的特征

骨干教师成熟期可以分为前期和后期。成熟前期，经过一段时间的教学实践的磨炼，新教师很快适应了学校的生活节奏，在此过程中形成了过硬的基本功，具备了独立的教育实践能力，成为胜任学科教学的优秀教师。表现出对教师职业较为投入、情绪较为稳定的一种心态。成熟后期，教师不仅熟练掌握教学基本功，积累了一定的教育教学经验，而且有了较好的认知结构，渴求学习教育理论及他人经验，不断进行教学反思，教学功底较为深厚，开始形成初步的教学风格，具备了较强的教育科研能力，有教育教学论文发表。逐步成为学校的教学骨干，被同行和学

校领导认可,多数教师被评为高级教师。一般表现出如下特征。

(一)热爱教师工作,具有强烈的事业心和责任感

高度的事业心、责任感是做好一切工作的前提条件,也是作为一名骨干教师的基本素质。因为只有想干事,才能去干事、干好事;只有牢记责任,才能谈得上尽心尽力、尽职尽责。

那么,什么是事业心?什么是责任感?事业心、责任感从何而来呢?《辞海》上将"事业心"解释为致力于实现某种事业的志愿,将"责任感"解释为努力干好自己份内事的心情。作为一名骨干教师,对事业心、责任感应是这样理解的:事业心就是人们期盼事业有成的上进心和对本职事业投入的无比热忱。责任感则主要体现为人心理上的一种状态,即"三不安"状态,哪"三不安"呢?就是看到学校工作没人干心不安,自己工作没干完心不安,负责工作没干好心不安。这些不安体现在人的生理上就是坐卧不宁、茶饭不香,有时你可能还意识不到是工作上的原因,但当你把工作干完后,才会如释重负,心安理得。这种感觉,应当就是事业心、责任感在我们个人身上的直接体现。应该说,我们很多优秀的教师,很多时候都会有这种感觉。

那么,事业心、责任感从何而来呢?

为什么要讲这一点?是因为我们大家,不管是谁,当你问起他有没有事业心、责任感时,他肯定会说有。即使在别人看起来事业心、责任感不强的人也会这么说。这是因为我们每个人都有干好工作的愿望,心里对自己的评价和期待都是比较高的,工作即使没有干好,也认为是外界环境的原因。这里面,就有个对事业心、责任感的认识问题。事业心和责任感第一是源于高尚的人生追求。周恩来总理正是因为很小的时候就立下了"为中华之崛起而读书"的崇高理想,才肩负起了救国民于水火的重任。毛泽东主席在"祭黄帝陵"中写道:"赫赫始祖,吾华肇造;胄衍祀绵,岳峨河浩。聪明睿智,光被遐荒;建此伟业,雄立东方……","以地事敌,敌欲岂足;人执笞绳,我为奴辱。懿维我祖,命世之英;涿鹿奋战,区宇以宁……"。"东等不才,剑屦俱奋;万里崎岖,为国效命"。这里面,也体现出了远大追求与责任感的关系。事业心和责任感是理想、追求、信念在我们每个人身上的具体化,没有理想、追求、信念,就谈

不上对事业、对工作的执著和负责，因为你对工作无所求，对自己无所鞭策，随遇而安，随波逐流，工作如何干怎么会心中有数呢？第二是源于对事业炽热的爱，通俗一点讲，就是具有敬业精神。热爱教育事业，热爱本职工作，是成就事业的前提。只有把对国家的崇高的爱化为对事业和本职工作具体的爱，才能有你在工作上的敬业精神，才能把自己正在从事的事业作为丰富自己经历，实现人生价值的重要平台，始终保持奋发有为、昂扬向上的精神状态。

强烈的事业心、责任感对工作和个人成长进步起什么样的作用呢？在探讨这个问题前先讲一个故事。

几年前，美国著名心理学博士艾尔森对世界100名各个领域中杰出人士做了问卷调查，结果让他十分惊讶——其中61名杰出人士承认，他们所从事的职业，并不是他们内心最喜欢做的，至少不是他们心目中最理想的。这些杰出人士竟然在自己并非喜欢的领域里取得了那样辉煌的业绩，除了聪颖和勤奋之外，究竟靠的是什么呢？带着这样的疑问，艾尔森博士又走访了多位商界英才。其中纽约证券公司的金领丽人苏珊的经历，为他寻找满意的答案提供了有益的启示。苏珊出身于中国台北的一个音乐世家，她从小就受到了很好的音乐启蒙教育，非常喜欢音乐，期望自己的一生能够驰骋在音乐的广阔天地，但她阴差阳错地考进了大学的工商管理系。一向认真的她，尽管不喜欢这一专业，可还是学得格外刻苦，每学期各科成绩均是优异。毕业时被保送到美国麻省理工学院，攻读当时许多学生可望而不可及的MBA，后来，她又以优异的成绩拿到了经济管理专业的博士学位。如今已是美国证券业界风云人物的苏珊，在被调查时依然心存遗憾地说："老实说，至今为止，我仍不喜欢自己所从事的工作。如果能够让我重新选择，我会毫不犹豫地选择音乐。但我知道那只能是一个美好的'假如'了，我只能把手头的工作做好……"艾尔森博士直截了当地问她："既然不喜欢你的专业，为何你学得那么棒？既然不喜欢眼下的工作，为何你又做得那么优秀？"苏珊的眼里闪着自信，十分明确地回答："因为我在那个位置上，那里有我应尽的职责，我必须认真对待。""不管喜欢不喜欢，那都是我自己必须面对的,都没有理由草草应付,都必须尽心尽力,尽职尽责,那不仅是对工作负责,也是对自己负责。有责任感可以创造奇迹。"因为种种原因,我们可能会被安排到自己并不十分喜欢的领域,从事了并不十分理想的工作,一时又无法更改。这时,任何的抱怨、消极、懈怠,都是不足取的。唯有把那份工作当做一种不可推卸的责任担在肩头,全身心地投入其中,才是正确与明智的选择。我国的著名词作家乔羽在中央电视台艺术人生节目里坦言,自己年轻时最喜欢做的工作不是文学,也不是写歌词,而是研究哲学或经济学。他甚至开玩笑地说,自己很可能成为科学院的一名院士。不用多说,他在并非最喜欢和最理想的工作岗位上兢兢业业,为人民做出了家喻户晓、人人皆知的贡献。

故事讲完了,我们能从小悟出什么呢? 很多时候,我们大家可能也处于自己并不喜欢的岗位,从事与专业不对口的工作,比如,有人想干军事工作,却被安排到了政治工作岗位上;有的人可能想从事行政工作,却偏偏干的是技术工作,因此,在工作上就有了借口,敷衍塞责,得过且过。诚然,"热爱是最好的教师","做自己想做的事",这些话已经是耳熟能详的名言。但是,"责任感可以创造奇迹",却容易被人忽视。从上面讲的故事中,我们应该能够悟出,只要有高度的责任感,即使在自己并非最喜欢和最理想的工作岗位上,也可以创造出非凡的奇迹。这样看来,强烈的事业心和高度的责任感就是我们青年教师成就事业、成长进步的动力源,是我们必备的一项基本素质。

(二)树立了正确的教育思想,具备了良好的心理品质,
　　取得了不同程度的业绩和荣誉

从学校教育诞生之日起,教师就作为一种特殊的社会职业而存在,教师是教学的直接组织者和领导者,是众多教学因素中的主要因素之一,是创造和传播人类的科学文化知识和进行教育教学改革与发展的生力军。一个科研型教师,在教育教学的实践工作中,必须遵循党的教育方针和教育规律,树立正确的教育观、质量观和人才观,增强实施素质教育的自觉性,把人类长期创造和积累起来的、经过筛选的知识经验、技能技巧和社会行为规范传授给学生。江泽民同志在第三次全国教育工作

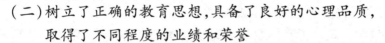

会议上深刻指出:"要说素质,思想政治素质是最重要的素质,不断增强学生和群众的爱国主义、集体主义、社会主义思想,是素质教育的灵魂。"只有树立正确的教育观、质量观和人才观,形成以传授知识为中心向以育人为中心的教育思想转变教育行为转化,才能增强实施的素质教育的自觉性。想从事教育事业?那你最应该考虑的是一个字——爱,有爱才能有正确的教育思想。

1. 正确的教育思想的内涵

想要成为一名骨干教师,一定要树立正确的教育观念,要不断树立正确的教育价值观、人才观、质量观、学生观。只有这样我们才能更好地培养社会主义建设所需要的合格人才,自己才能不断地成长进步。

(1)教育价值观。我们要认清教育的本质,一是促进人的发展,二是培养社会所需要的人才。我们要尊重教育规律,从学生和社会的长远利益出发,确立教育促进社会发展和人的发展相统一的价值取向,强调为学生获得终身学习能力、创造能力以及生存能力打好基础。同时,把学校只面向少数,造就少数精英为目标的教育观念,转变为面向全体,为了全体,造就全体的学校教育观。

(2)人才观。我国既需要发展知识密集型产业,也依然需要保留大量劳动密集型产业。社会主义现代化建设既需要数以千万计的各种专门人才,又需要数以亿计的高素质的劳动者,这两者都是人才。我们要树立"人人都有才,人人能成才"的人才观。

(3)质量观。质量观的核心理念:①提倡人才的个性化和多样化。②强调全面提高学生的基本素质。

(4)学生观。正确的学生观是实施教育的前提。我们应当善于辩证、发展地看待每个学生,正确对待学生身心发展不足之处和思想行为上一时的缺点和错误,对其给予正面的教育、矫正,使他们获得新发展。教育要尊重学生的主体地位,充分发挥学生的主体性,培养现代社会需要的创新型人才。既要研究孩子的共同点,更要了解研究每个学生的不同点,尊重学生的个性,尊重学生的差异。只有具有正确的学生观,才能做到热爱学生、尊重学生,建立民主平等、教学褶长的师生关系。用知识的力量和人格魅力赢得学生的尊敬和仿效。

人的心理活动是宇宙间最为复杂的现象之一,恩格斯把它誉为"地球上最美的花朵"。良好的心理品质是指以先天禀赋为基础,在后天的环境与教育影响下形成并发展起来的稳定的心理品质。现代教育对教师的心理品质提出了更高的要求。教师应具备的心理品质是对教育工作的浓厚兴趣,它是教师圆满地、创造性地完成教育教学工作的重要心理品质。教师没有良好的心理素质,学生健康的心理素质也就没法培养。教师要通过良好健康的心理品质的培养,不断改进教育教学方法,在教学中以情感人、以情动人、以情育人。教师要有博大的胸怀包容工作生活中的种种不如意,养成走进课堂之前迅速排遣心理干扰的能力,带着愉悦之情来面对学生,使学生在最佳的情感环境中更好地获取知识,获得成长。

情感就是人对外界刺激的心理反应,如喜欢、愤怒、恐惧、爱慕、厌恶、悲伤、忧郁等。行为科学认为:人的一切认知活动均是生理和心理相互作用的结果,缺少其一都是不完全的。任何活动都是在情感的影响下进行的。特别是青少年的行为,在很大程度上以他们的情感和情绪为转移,常常表现出不是用理智去支配情感,而是用情感支配理智。正如前南斯拉夫教学论专家鲍良克所说:"情绪调节着学生对教学的态度和积极性,情感环境决定学生在教学中的注意力,有兴趣、满意、积极、精神振奋,还是冷漠、不满足、散漫、压抑。"可见情感是维系和协调师生双边活动的纽带和桥梁,是教学活动的灵魂,直接影响着教学效果的好坏。教师的每一个表情、每一个动作、每一个暗示、每一个眼神都传递着教师不同的情感,都有可能引起学生情感产生巨大的变化。师生情感和谐融洽,学生才能"亲其师,信其道",进而"乐其道,学其道"。要获得这种情感氛围,关键在于教师。教师是教学活动的组织者,在教学中起着主导作用。教师的情感不但影响自身的教学活动,而且随之直接感染着每位学生。教师良好的情感能唤起学生的情感共鸣,使师生情感融洽,相互信任,教学气氛活跃,更好地完成教学任务。因此,教师必须具备良好的、稳定的、最有利于教学的情感品质。

2. 良好心理品质的具体表现

教师良好健康的心理品质主要表现在以下几个方面:

（1）热爱之情。爱是对人或事物的最深的情感,可表现为一种倾向,形成一种动力。我国近代教育家夏丏尊说:"教育之不能没有爱,犹如池塘之不能没有水。"爱的情感是作为教师首先必须具备的情感品质。它表现在两个方面:

其一,对教育事业深切的热爱。教育教学工作是一项艰辛的劳动,教师需要付出大量复杂而艰辛的劳动。只有对教育事业深切的热爱、执著的追求,才能具备吃苦耐劳、勇敢顽强的意志品质,教师全身心地投入到教育教学中去,克服重重困难,很好地完成教育教学任务。

其二,对学生真挚的热爱。教师热爱学生,可以产生巨大的感染力,不仅能增强学生的学习兴趣,提高其学习效果,也是建立融洽的师生关系的根本保证,是做好教育工作的巨大动力。它最能激起教师对教育工作的强烈愿望,最能激励教师千方百计地去教育好学生。这种情感驱使教师把整个心灵献给学生,对学生诲人不倦。使教师以更大的耐心和韧劲克服教学中遇到的各种障碍,挖掘出自身最大潜能,创造最好的教育方法,取得良好的教学效果。对学生也是一种巨大的学习动力。有了这种爱,学生才会把教师当成亲人、知心朋友,师生之间才能建立起感情,才能激起学生对教师的亲近感和仰慕心理,从而把这种情感迁移到教师所教授的知识上。心理学关于模仿的研究表明了这一点:"人们总是趋向于模仿他所爱的人,而不愿模仿他所嫌弃的人。"可见教师这种爱的情感能使学生产生积极的情感体验,唤起他们的学习热情,使之渴望获得知识,主动模仿教师所教授的动作,提高教学效果。如果教师缺乏这种爱,对学生冷漠无情,甚至对他们感到厌烦,动不动就严加训斥,学生就会紧闭心灵的大门,势必造成师生关系紧张,使教育活动受阻甚至中断,给学生造成心灵上的创伤,最终导致教学的失败。乌申斯基说得好:"如果你厌恶学生,那么,教育工作刚刚开始时就已经结束了。"教师的教育只有溶解在爱的情感里,才能转化为学生自身需要,引起学生积极反应。

（2）期待之情。教师对学生深切的期待能对学生产生积极的心理效应,是学生上进的动力。学生最信赖老师的判断力,对自己学习情况、能力水平的认识往往依赖于教师的看法,因此教师的期待之情对学生便尤为重要。它是对学生心灵上的支持,学生从中看到希望,获得自信、勇气和力量。如体育教学活动多变,动作复杂,难度较大。学生在学习动作时经常遇到各种各样的困难。这时学生心中往往产生消极情绪、退缩心理。对原本有能力完成的动作丧失信心,自认为做不下来,而不愿继续努力。此时,教师若能用期待的目光来鼓励学生:"一定能成功!你能做好。来,再来一次!"学生会被这种深切真挚的期待之情所感染,认为自己真的能行,从而产生一种无形的力量,消除退缩心理,重新充满希望,鼓足勇气,克服困难,最终完成学习的任务。若教师首先失去信心,流露出无望、厌烦的感觉,学生得到老师这样的情感信号,自然彻底绝望,认为自己果真不行,而放弃对学习的继续尝试。可见教师在任何时候,对任何学生都要饱含期待之情,学生不能没有教师的支持、鼓励和期望,他们常常是按照老师给设定的模式来认识自己、要求自己的。这种期待情感能激发学生战胜困难的信心,是学生上进的动力。

(3)愉悦之情。教师带着愉悦情感走进课堂并自始至终保持愉悦心情,能将学生带进一个和谐、轻松、友爱的学习环境,对课堂气氛、教育效果有重要意义。要持之以恒做到这一点并非易事。再优秀的教师也是平凡普通的人,也会经常遇到来自家庭、学校和社会的各种冲击和干扰,时常出现忧愁、烦恼、悲伤、激动等情绪。若把这种情绪带到课堂,势必影响教学质量。这就要求教师要有博大的胸怀包容工作生活中的种种不如意,养成走进课堂之前迅速排遣心理干扰的能力,带着愉悦之情来面对学生。

教师在愉悦情感的支配下进行教学工作,思维敏捷,语言丰富有情感,面部表情自然丰富。从而创设出轻松、欢快、无忧无虑的教学情境,牢牢地吸引住学生的心,增添他们的学习兴趣,使之感到学习是一种乐趣,可收到较好的学习效果。反之,教师本来心情烦躁、压抑,遇到一点情况便怒火中烧,失去理智,向学生发泄出来。结果往往是,说话走火,刺伤学生的自尊心,导致师生关系紧张,整个教学情境随之变得沉闷、压抑起来。这样,会严重地影响教育教学效果。因此,我们教师应注意培养稳定的愉悦情感品质,要带着欢笑走进课堂,以愉悦之情唤起学生愉悦情感,使学生在轻松、愉快的情感环境中接受教育。

（4）宽容之情。宽容是缩短师生心理距离、消除师生间隔阂的良药。现代教学活动复杂多变，学生又活泼好动，比较难于组织，学生经常违犯纪律，这就更要求教师要豁达大度，对学生有宽容之情，采取恰当的方法解决问题。这种宽容之情能卸去学生的心理负担，给其改正错误的机会，使其有勇气纠正错误，教育效果明显。对待学生的错误应采取冷静的态度，不应横加指责，要站在学生的立场上设身处地地替他们想一想，采取恰当、有效的方法帮助学生改正。这种豁达大度的宽容之情使学生感到教师富有人情味，对教师产生一种既崇敬又敢于接近，友好相处的心理相容的亲近感，使学生从内心深处反省自己的行为，唤起学习激情。对学生有宽容之情，不但能创设适宜的教学情境，还能使教师本身从严要求自己，在教学中根据出现的各种问题不断探索适宜的教学方法。教师充分体谅学生在学习中遇到的各种困难，对学生怀有宽容之情能驱使自身探索出更新、更好的教学方法，对教学效果有重要意义。

情之所至，金石为开。实践证明，教师的情感因素对教学的成败至关重要。任何一位老师都应努力培养自身良好的心理品质。在教学中以情感人、以情动人、以情育人，使学生在最佳的情感环境中更好地获取知识，掌握技能，接受教育。

3. 骨干教师应具备的心理品质

捷克教育家夸美纽斯说过："教师应当具备他要培养的学生那样的品行。"因此他建议，为了更好地教育学生，教师必须具有健康的人格。那么，作为一名骨干教师，应该具有哪些健康的心理品质呢？

（1）拥有自信心。有些忧患意识乃人之常情，但千万别失去了自信心。因为以自我接纳为前提的自信心是支撑个体的重要精神支柱，是个体心理健康的重要表现，也是骨干教师必备的个性心理特征。教师自身充满自信、自尊的人格魅力，将会给学生树立一个良好的榜样，也有助于学生正确认识自己和他人，树立自尊心与自信心。

（2）拥有平常心。在当今竞争日趋激烈的社会里要保持一颗平常心是非常不容易的，因为生存的压力、下岗的危机使得人们经常在心理矛盾冲突中自我折磨。教师也是人，她们一样有人的喜怒哀乐，有各种各样的心理压力与心理需求，此时更需要有一颗平常心才会在面对看似琐碎、平凡的事情中感受快乐、喜悦和幸福;才会在竞争的环境中沉着自制,荣辱不惊,坦然地面对失败和挫折,不苛求生活。

(3)拥有宽容心。教师作为人类灵魂的工程师,其胸怀应像包容百川的大海,对待学生要永远充满爱和宽容。"金无足赤,人无完人",每个学生都有其闪光点,为此教师应以赏识的眼光去挖掘每个学生的独特性,促使学生自我潜能的不断发展;同时,教师更应以宽容的心态去面对学生的不足。因为学生的自制力较差,犯错在所难免,此时教师若能充分地给予理解而不是求全责备,那么教师虚怀若谷的人格力量将感召学生学会原谅别人,学会与别人和睦相处,而这一切都是学生必须具备的良好的心理品质。

(4)拥有同理心。同理心即同情与理解,同感或共情。教师拥有一颗同情与理解的心,能常常换个角度,站在学生的立场来想问题,以了解学生的真实感受,即"感学生之所感"。每个人在社会生活中都扮演着一定的角色,每一种角色都有与该角色相适应的行为模式,这就容易造成人们的思维定势。如果我们能经常地进行角色换位思考,以心换心,我们就不会在未充分了解别人之前就对其妄下评价,这是人际关系和谐的一个非常重要的条件。

(5)拥有恒心。一个年轻教师要想克服教育工作中遇到的一切困难,就需要有优良的意志品质,即拥有一颗恒心。因为坚强的意志是一个人事业成功的保证,一个缺乏意志力的人不仅会在事业上一事无成,而且会因经受不住生活中的一点点挫折和失败而造成严重的心理创伤。一般学生正处于自我意识形成和发展的时期,其坚强、勇敢的性格,需要教师去陶冶培养,一个意志坚强的教师也会是一个善于控制自己情绪的人,也就容易为学生营造愉快的心境,促进学生健康心理的发展。

(三)具有较好的认知结构和深厚的教学功底,在此基础上注意吸收、消化他人的成功经验,开始建立自己独特的教学风格

在骨干教师成长的成熟期,具有较好的认知结构和深厚的教学功底,在此基础上注意吸收、消化他人的成功经验,从教学能手向专家型教师转变,使自己的教育教学行为科学化、规范化、理性化,形成自己的教

61

学个性特征,开始建立自己独特的教学风格,成为准学者型教师。教学的风格处在探索和创造性阶段。随着教师的积极努力和教学工作经验的积累,在课堂教学工作中开始摆脱模仿的束缚,逐步进入探索阶段,教师开始有意识地研究课堂教学艺术的形式与效果。例如开始钻研教学语言和表达艺术、教学板书板画艺术、示范性艺术等。教师不断突破别人,突破自己,教学的独创性不断地表现出来:突出地表现在教学方法的改革、教学效果的优化、教学效率的提高上,当这种独创性在教学过程中呈稳定状态表现时,这个教师便形成了自己独特的风格。此时的教学被涂上了浓厚的个性色彩,教学的内容和形式的结合日趋完美,教学真正成为一种塑造人的灵魂的艺术。中小学教师在这个阶段要努力学习,积极积累,由量变到质变。由于处于这个阶段的老师在学校、社会上已有一定知名度,自己应经常参加学术水平较高的教研活动,参加一些较高级别的说课、赛课,以促使自己不断革新和创造,从而最终进入形成自己独特的教学风格的阶段。

1. 独特教学风格形成阶段的特征

(1)教师的教学个性已较明显地体现出与众不同的特色。心理学研究表明,一个人的个性心理特征虽然不是绝对地不可改变,但个性心理特征一般具有相对稳定性,一旦成型,很难改变。因而教师教学个性的培养要特别注重"因性以练才"。有的教师感情丰富,善于表达,思维结构中形象思维占优势,想象力丰富,性格外向等,那么这个教师就要注意在教学中发挥自己个性的这些优势,向"情感型"或"表演型"教学个性方面发展。如果违背自己的个性特点,那就很难形成自己的教学个性。

(2)教师的独特性教学行为与方法大多有利于教学效果的优化和教学效率的提高。有很多教师虽然教龄不短,教学经验也很丰富,几十年的教学工作却没有形成自己的教学特色。其重要原因就是因为教学僵化,固守老一套教学观点和教学方式方法,缺乏改革和创新精神,从而使自己的教学一直处在独立性教学阶段,很难上一个新的台阶。与此相反,有的教师勤于学习新的教育教学理论,善于对传统教学的某些弊端进行分析,并时刻思考和组织自己的教学改革思路和方案。大量教师的教育、教学实践表明,是否具有这种教育改革和创新精神对一名教师的成长具有重要作用。

（3）教师课堂教学的整体安排与效果已开始反映出一定的审美风貌,使人能够较明显地体验出教师教学的"韵味"。对一个寻求形成自己独特个性教学和教育风格的教师而言,具有改革和创新的精神还不够,重要的还需教师把自己的教改方案和思路付诸实施。只有在不断探索和实验的过程中,教师才能检验自己的教改方案和方法的有效性,也才能使自己的教学较快地进入独特性阶段,并使自己的教学个性更鲜明地表现出来。大量的材料表明,国内大多数特级教师和优秀教师都是从教学改革与实验中形成自己的教学风格的。

这一阶段突出表现在教师改革与综合运用教学方法、探索和研究课堂教学的最优化方法及追求课堂教学的最优化教学效果,力求使每一个学生得到最好的发展;在课堂教学实践中不断地创新与开拓,使教学艺术发挥明显的效应。

2. 形成自己独特教学风格的因素分析

前面我们讲过,选择了教师这一职业,要想在教育事业中有所建树,做出一番成就,个人独特的教学风格的形成可以说是必不可少的。前面摘录的一名数学骨干教师的论文,已经谈到怎样在数学教学中逐步形成自己的教学风格,举一反三,相信会给大家一些初步的启发。

那么,到底如何才能形成自己独特的教学风格呢?教学风格的成因非常复杂,但决不是神秘的,是可以探讨的。教师风格的形成不仅仅和教师本人的专业化知识有关,而且还和教师自身的思想、他对于教材的理解、教学手段的使用等都息息相关。一个有自己独特风格的教师更应该是一个有思想的老师,我思故我在,对于教学来说同样也是适用的。有学者认为,构成教学风格的因素大致有教师的品德修养、知识结构、思维特点、个性特征和教师在教学上的主观追求等。从整体上看,影响和制约教学风格形成的因素可分为内在因素和外在因素:内在因素有认知水平、思维品质、个性与人格特征;外在因素有学校教与学的环境、学校课程结构和体系、教材、教学对象等。教学风格的形成是内外因素相互联系、彼此促进发展的结果。外因是教学风格形成的条件,内因是教学风格形成的根据。在教学风格形成的过程中,教师的主观能动性是形成教学风格最为活跃的积极因素,它带动和影响着形成教学风格的诸多因素,推动和促进教师积极能动地改造教学环境与条件,使他们在教学实践中不断走向成熟。

教师的教学风格也不是一朝一夕偶然轻易形成的,而是教师富有独创性的较长时期劳动的结果,凝聚着教师的理想和教学艺术的实践。但是,教学风格也有一个产生和形成的过程,有一个发展和变化的过程,并不是凝固的或静态的。教师从开始教学,到逐渐成熟,最后形成独特的教学风格,是一个艰苦而长期的教学艺术实践过程。教师只有在教学的过程中用心思考,付诸不断的教学实践和不断革新中,才有可能最后形成自己独特的教学风格。

那么,如何促使每个教师在不懈追求教学艺术过程中,逐步形成自己的教学风格呢?有学者更多地是从教学风格形成的外部条件角度作了论述:第一,要把扶持各种教学风格,作为教育竞赛和把教育搞得生动活泼的一项重要措施;第二,要扬其所长,发挥优势;第三,要切实搞好教学实验;第四,要把继承与发展、学习与创新结合起来。有学者则从教师主体的角度出发进行了探讨,认为教师追求教学风格必须做到:对自己所教的专业充满激情;有清醒的自我意识;模仿;学而不厌;形成一个良好的心理定势。在已有认识的基础上,有学者对教学风格的形成作了比较全面的分析,指出了两个必须注意的方面:一是学校领导注意更新教育观念,发扬教学民主,鼓励教师建立自己个人的教学艺术风格;二是形成具有特色的教学风格是每个教师应有的自觉追求。前者包括要提倡百花齐放,百家争鸣;须独具慧眼,发现每一个教师良好的风格苗头,并加以因势利导,使之发展为独特的教学风格;教学评价工作要把教师形成个人风格作为衡量教师成熟和教学工作成效的一个重要指标。后者包括教师要有乐教的积极精神,把教学当做一种艺术性的事业;掌握教育教学的基本规律,刻苦锻炼教学基本功;要注意扬长避短,发挥个人优势;要定向发展,有意识地进行锻炼和提高;要把继承和发展、学习与创新结合起来;不怕失败、百折不回。教师要形成自己的教学风格必须要有对于教育事业的满腔的热忱,只有这样才会有可能在教育的舞台上展现自己的独特风格。

3. 追求独特的教学风格应该注意的问题

教学风格是教师在自己创造性教学活动中表现出来的稳定的教学特色和教学个性。它是衡量教师教学水平的一个重要方面。良好的教学风格则是教师教学成就的重要表现。我们应鼓励教师去追求自己的教学风格。但是在追求教学风格的同时应该注意一些问题,否则,很可能步入歧途。

（1）应该注意培养良好的个性品质。教师有优秀的思想品质、崇高的审美情趣和良好的个性品质,就会形成良好的教学风格。反之,就会导致教学风格的格调消极、低下。我们提倡的应是优良、格调高雅的教学风格。在教学实践中,经常发现有的教师在教学上有自己的特点,有自己的风格,但不是良好的健康的。例如,个别教师讲课时总喜欢"海阔天空",形成一种华而不实的格调;有的常常喜欢"谈家常",形成一种散漫的格调;有的则常常穿插一些不够高雅的"噱头",形成一种俗气的格调,等等。这些类型的教学风格,都是教师个性品质的表现,都是学生所不欢迎的,与教学要求相悖的。因此,要想培养受学生欢迎的良好教学风格,教师必须加强个人思想品质修养,努力提高自己的审美情趣,培养自己良好的个性品质。

（2）应该避免盲目追求,急于求成。教学风格是衡量教师教学成就的一个重要方面,但绝不能认为它是衡量教学成就的根本标准。评价一个教师的教学有没有成就,更要看他的教学是不是贯彻和遵循了社会主义的教育方针和教学原则,达到了既定的教学目的,成功地调动了学生学习的积极性和主动性,促进了学生的健康和智能的发展。如果教师离开了这一切,只是一味地、盲目地追求个人的风格,那他的教学肯定是不会成功的。毛泽东说:"有许多的东西,只要我们对它们陷入盲目性,缺乏自觉性,就可能成为我们的包袱,成为我们的负担。"教学风格的建立往往要经过一个不断探索与创造的过程,既不能盲目的,又不能急于求成。

（3）不要生硬模仿他人风格。我们不反对开始时对他人的教学经验,包括教学风格进行一定的模仿。但是,这种模仿又绝不能是生硬的,照葫芦画瓢式的,而是要从中汲取有益的成分,将其消化,为我所用,并有所突破,有所前进,最终形成自己的特色。

(4)要防止风格僵化。一个优秀的教师,不应满足自己已经形成的教学风格,还要随时注意教学改革的新动向,不断地学习和总结,不断地提高自己的教学艺术,提高自己的审美情趣和个性品质,从而使自己的教学风格有所变化,有所发展,既有鲜明独特的"本调",又有丰富多彩的"众调"。

(四)具备很强的教育科研能力,并取得了部分和相当数量
　　的科研成果

没有科研,就没有高质量的教学。优秀的教师要有优秀的科研能力。科研能力是学校质量、教师水平的一个重要标志。任何学校都要鼓励教师从事科学研究。任何情况,都不应放松对教师的科研要求。搞科研,可以深化和促进教学,可以培养提高学生的探索精神和创新意识。作为一名骨干教师在成熟期应具备很强的教育科研能力,并取得了部分和相当数量的科研成果。

教师具备教育科研能力不仅可以丰富和发展教育理论,而具有时代对广大教师的要求。传统教育观认为教师的职责就是"传道、授业、解惑",因此以传授知识为主的传统教育模式造就了许多传授型的教师。为深化教育改革,全面实施素质教育,培养学生的创新精神和实践能力,社会对教师的素质提出了新的要求。我们的教师必须是科研型的教师,必须具备高水平的教育科研能力,否则无法实施这个变革。根据长期的理论和实证研究,我们发现教师参与教育科研活动有以下优点:一是可以提高教师工作的责任感,二是可以纠正教师头脑中的一些陈旧观念,形成新观念,三是可以形成自己对教学活动的自觉意识,从而娴熟地运用教育规律去教书育人。

教育科研能力是一种高级的、来源于教育实践而又有所超越和升华的创新能力。具体指教师应当具有扎实的教育学、心理学的理论知识和方法论知识,具有收集利用文献资料、开发和处理信息的能力,具有较好的文字表达能力,具有开拓精神、理论勇气、严谨的治学作风以及执著的奉献精神等。教师该如何培养教育科研能力呢?

首先,教师要转变观念,树立和增强从事科学研究的意识和自觉性。多年来,在教育实践中我们面临的最主要的问题还不是教师能否从事教育科学研究的问题,而是绝大多数教师缺乏进行教育科研的意识。他们怕改革、怕影响升学率、怕家长抱怨,因而被迫或自愿地沉睡在古老的教育模式之中,年复一年、日复一日,靠苦干、加班、超负荷地工作以换取升学率。而有些教师头脑中则存在这样一些错误的观念和意识,诸如"教育科研神秘观",即把教育科研神秘化,认为搞科研只是教育理论工作者和教育专家的事,是高深莫测、很难做的工作;"教育科研无用论",认为教师的任务就是教书,无需搞科研,搞科研是额外负担;有些人则把教育科研简单化,认为能写出文章、发表文章就是搞科研等,这就进一步削弱了教师的研究意识和研究能力。因此我们必须通过宣传教育科研的重要性,使教师来一个观念上的转变,从而树立全新意识,这就是:教师是教育科研的主力军,从事教育科研是每一位教师份内的工作;仅仅会教课而不会教育研究的教师,不是新时期的合格教师。

其次,教师要掌握教育科学研究的基础知识或基本方法。有人说,搞教育科研很枯燥,其实并不是这样。如果你掌握了教育科研的方法,你就会感到研究过程本身是充满乐趣的,这里主要介绍教育科研的步骤及常用的几种方法。

教育科研的第一阶段是选课题、即提出问题、发现问题。爱因斯坦说:"提出一个问题往往比解决一个问题更重要,因为解决一个问题也许仅仅是一个数学上的或实验上的技能而已,而提出一个新问题则需要创造性的想象力。"对教师而言,科研课题的来源主要有两方面:一是课题指南和信息指南,二是本校教育实践中急需解决的问题。后者是主要来源,也是我们研究的重点。教育科研不排除抽象的纯理论研究,但对于教师来说,应侧重与现实生活密切相关的、有实用价值的课题。这样既可扬其实践经验丰富之特长,避其理论功底不足之短,又可以使研究直接服务于教学现实需要。当前教师科研课题的研究内容应该主要涉及以下内容:创新教育观念、创新教学模式、创新与各科教学、现代教育技术的运用、学生心理健康的指导、班主任工作等。

教育科研的第二个阶段是查阅文献资料,进行课题论证。查阅文献资料一是了解前人或他人在这一领域的研究现状,另一是获得更多的教育理论知识,在查阅资料的基础上要进行课题论证。课题论证是有组织地、系统地鉴别研究的价值,分析研究条件,完善研究方案的评价活动,包括以下内容:(1)主题目的:为什么选这个题目?通过这项研究达到什么目的?(2)课题的价值:所选课题的意义、作用、理论依据,国内外在这一领域的研究现状等;(3)研究的可行性分析:包括自己的优势及经费的预算等;(4)包括研究的主要内容、步骤的设计、采用的方法和研究对象的选择等。

第三个阶段是具体实施,即严格按照方案进行。

第四个阶段是整理分析研究资料,撰写科研报告和科研论文。科研报告或科研论文就是把科学研究的全过程以及取得的成果用文字完整地表述出来。科研报告或论文的撰写不一定要遵照某种固定的格式,但一定要包括以下这些内容:①研究目的;②研究的对象或抽样;③采用的方法;④研究的经过;⑤材料的归类、整理;⑥结论;⑦建议、设想或体会等。在具体实施的阶段,主要采用的科研方法有调查法、观察法、实验法和行动研究法等。限于篇幅,在这里主要说说调查法与行动研究法。

调查法是指在教育理论指导下以家访座谈、设计问卷、批改作文、日记等方式收集研究对象的客观资料进行整理分析,从中得出规律性结论的方法。调查法的研究设计主要包括:①研究目的、背景、意义;②研究方式(是问卷、访谈还是成品分析);③研究对象或抽样情况;④设计指标体系(这是中心环节,指标体系的设计必须是科学的、有教育理论依据的);⑤设计问卷的访谈提纲,这一工作也有很强的科学性,具体参考教育科研书籍;⑥结果的整理、分析,即写出调查报告。调查法简便易行,信息量大,真实性强,最有使用价值,深受教师欢迎。

另一种方法是行动研究法,它是一种由科研工作者和教师共同参与,谋求在工作环境中当前问题解决、评价和改正行动过程的研究方法。它重在解决实际问题,因此必须与实际的教育教学工作密切结合起来。切不可为研究而研究。行动研究法的实施步骤是:发现问题,分析问题,制定计划,开始行动,进行评价,即对行动的效果进行评价,如果可行有效,即可整理资料撰写论文;如果计划方案有不妥,应立即修正计划、改正行动,直到可行有效。就目前而言,我们广大的教师参与的教育教学研究,从严格意义上说,都是行动研究,也有的人称之为"试验"。可以说,行动研究法已成为广大教师参与教育研究的主要方式。

(五)在教师群体中有一定或者相当高的威信,成为教师群体的优秀者,并为校领导和上级部门所接受、认可,作为学校骨干地位完全稳定下来,根基扎实,不可动摇,具备履行高级教师的业务能力

马卡连柯指出:"威信本身的意义,在于它不要求任何证明,在于它是一种不可怀疑的长者资望及其力量与品质。可以说,这种资望、力量与品质,连在单纯的儿童的眼里也是明显的。"可见,教师威信能够在教育过程中产生巨大的威力。青年教师应该意识到,在全面推进素质教育的今天,热爱学生,培养学生良好的个性品质,使其得以全面发展,是青年教师,特别是青年班主任取得成就的关键。教师个性形象具备导向、凝聚、榜样等多种功能,教师的良好个性品质一旦得到学生群体的认同,就会激起学生的学习需要,从而由认同到模仿乃至内化;富有个性魅力的教师如同一种黏合剂,能将每个学生紧紧地凝聚在他的周围;富有魅力的教师能以独特的教育风格,使学生迷恋而爱听他的教诲,使教育工作事半功倍。

同时,对于一名骨干教师来说,被群众和领导所认可、接受也是十分重要的。一个不被认同的骨干,就不是一个真正的骨干,起码是一个地位不稳固的骨干。不仅难以组织起周围的群众,而且就是组织起来了也难以顺利开展工作,无法履行骨干教师的职责。

二、成熟期要注意的问题

(一)要进一步加强自身的品德修养,这是教师继续进步的内在动力

传道之人,必须闻道在先;塑造他人的灵魂,首先自己要有高尚的灵魂。为此,教师必须不断加强自身的品德修养。教师对教育事业的热爱和忠诚,对学生的关怀和爱护,对教学工作的热情和责任心对教学境界

的开拓与加深起着决定作用。一个教师如果认为"当教师没前途"、"没出息"、"身在学校,心系商海",工作就会失去动力,创造性地形成自己的教学风格也就无从谈起。而对学生的爱则决定着教师对教育事业的热爱和教学工作的热情,很难想象一个不爱学生的老师会热爱工作。孟子说,君子有三乐,而"得天才教育之"便是一乐。许多形成典型教学风格的优秀教师的经验也证明,之所以成功是与他们强烈的乐教爱生的事业心分不开的。古人云:"其身正,不令而行;其身不正,虽令不从。"教师只有自己具备了良好的道德修养,才能说服感染学生。清朝诗论家莹雪在《一瓢诗话》中说:"诗文与书法同理,具得胸襟,人品必高。"其中"人品"和"胸襟",内涵相通,皆指人的思想道德境界。同理,教学艺术领域内,教学要达到形成独特风格的境界必须有高尚的人品,而教师的人品往往要通过教师的职业道德体现出来。

(二)要继续积累渊博的知识,练就多方面的才能

教学是艺术也是科学。当教学的内容和形式达到完美统一,符合育人规范性后形成的教学特色,才可称得上教学风格。要达到内容和形式的完美统一,就必须对内容有深刻的理解,这就有赖于教师的知识结构。学高为师,身正为范。教师首先必须精通所教学科的基础知识,熟悉学科的基本结构和各部分知识之间的内在联系,了解学科的发展动向是和最新研究成果。为此,教师所掌握的学科知识必须大大超出教学大纲的要求。只有为资之深,才能取之左右而逢其源。

(三)要不断增强文化修养,广泛涉猎各种知识,形成比
　　较完整的知识结构

因为各门学科的知识都不是孤立的。数、理、化之间,文、史、地之间,自然科学与社会科学之间,联系日趋密切,教师必须适应这一趋势。其次是因为,正在成长中的年轻一代,兴趣广泛,求知欲强。上至天文,下至地理,从远古到未来,从宏观到微观,无所不想知。今天的教育对象,可以通过大量信息传播渠道了解到许多新鲜知识。他们能够提出形形色色、五花八门的问题,往往使教师汗颜。教师在学生面前"什么都知道"的形象正在动摇。特别是中学生,他们提出的问题不仅广泛,而

且具有一定的深度。这就给教师提出了更高的要求,给教师形成自己的教学风格增加了难度。因此,广泛涉猎各种知识,形成比较完整的知识结构,对教师已十分必要。

教师知识的储存量、广度、深度、系统性以及掌握各种知识的复杂而独特的联系,为教师在教学中广征博引或深刻的论证提供了基础条件,只有具备了广博精深的知识,教师才能在教育教学中挥洒自如。

(四)要继续培养较强的科研能力

若能对某一学科的发展有所建树,当然更好。即使不能如此,也应有对他人成果进行分析、鉴别并提出个人见解的能力。此外,教师还应具备一定的创作和写作能力。"纸上得来终觉浅,绝知此事要躬行。"比如一个语文教师要指导学生作文,要分析范文的得失,自己动口不动手写文章,没有亲身的体验,教学就容易隔靴搔痒,教学风格也就无从谈起。

普通教师成为骨干教师的创造期

一、创造期的特征

骨干教师创造期是教师的"成名"阶段。少数骨干教师,用现代教育理论指导自己的教学实践,并对学科教学有独特见解,形成了自己独特的教学特色和风格,成为学科教育专家。这些教师因具有较强的教科研能力、学科指导能力,而业绩突出,被评为省、市的学科带头人、特级教师,成为具有广泛社会影响力的"名师"。这个时期一般表现出如下特征。

(一)具有相当强的创新精神与创新思维能力

江泽民同志曾经指出:"创新是一个民族进步的灵魂,是国家兴旺发达的不竭动力。创新的关键在人才,人才的成长靠教育。"而要实施素质教育,培养学生创新意识、创新精神和创新能力,关键是要建设一支高素质的、创新型的教师队伍。当今时代,掌握知识的多少已不再是衡量人才的唯一标准,更重要的是是否具有迅速学习掌握知识的本领和进行创新的能力。学校是知识创新、知识传播和知识应用的主要基地,是培育创新精神和创新人才的重要摇篮。创新人才的培养要通过实施创新教育来实现。作为一名骨干教师应当具有相当强的创新精神与创新思维能力,具备创新教育能力,做一名创造型教师,实施创新教育。创新素质从来就是骨干教师素质的核心素质。

教育创新,根本在于教师创新。教育创新的根本在于教师的观念创新、知识创新、技术创新,以及教师教学活动的创新。无数的事实证明,只有高素质的教师,才能培养出高素质的学生;只有"教师富有创新精神,才能培养出创新人才"。每一个教师都要爱护和培养学生的好奇心、求知欲,引导学生自主学习、独立思考,特别是要以自己教学和科研中的创造性工作影响和启迪学生,营造崇尚真知、追求真理的氛围。教师要"严谨笃学、与时俱进",加强学习和科学研究,不断提高创新能力。当今时代,新知识层出不穷,知识更新周期不断缩短,要求教师不断以新的知识充实自己,"成为热爱学习、学会学习和终身学习的楷模"。教师不仅要传授已有的知识,还要身体力行,通过科学研究去探索、创造新知识。钱伟长先生认为,没有创新精神的教师,就不可能培养出具有创新精神的学生。在接受《解放日报》记者采访时,他又说:"在高等院校里,不是科学家,就不会是个好老师。当今世界日新月异,你如果不知道学科前沿的最新突破,不知道学科前沿的最新命题,那只能教学生去硬记硬背你那本一成不变的讲义了。不知何谓'新',怎么可能去'创新'?"

1. 创新教育的含义

创新教育也称创造教育,是指以现代素质教育理论为指导,运用创新学理论,以创造性思维为桥梁,培养学生创新意识、创新精神和创新能力,使他们作为一个独立的个体,能够善于发现和认识有意义的新知识、新事物和新方法,掌握其中蕴涵的基本规律,并具有相应的能力,为将来成为创新型人才奠定全面的素质基础。广义的创新教育指对人的创造力的影响、开发、培育活动,主要是创造技法和创造性思维的训练。狭义的创新教育是指在学校教育中,对学生的创造品质和创造性思维能力的培养。

创新教育呼唤创造型的教师,作为一名骨干教师必然是一名创造型的教师。创造型的教师有哪些特征呢?

一般说来,创造型教师具有如下特征:成功的、富有创造性的教师总是善于吸收最新教育科学成果,将其积极地运用到教育、教学、管理等过程中,并且富有独创见解,能够发现行之有效的新的教学方法。在个性品质上往往表现为幽默、热情、乐观、自信,乐于接受不同观点以及对其工作之外的其他事情也表现出强烈的兴趣并积极参与。在教育教学方面,注重教育艺术和机智,有强烈的求知欲和成就动机。在教学风格和技巧上,善于经常变换各种教学手段,激发学生积极思考,鼓励学生参与课堂教学相互交流并讨论各自观点。驾驭教材能力很强,对学生的课堂反应有很强的敏感性;凭直觉进行教学,想象力非常丰实,不拘泥于已有的规划或既定的程序。在班级管理方面,创造型教师在对班集体和学生管理时都表现出创造性,努力创设并维护一种易于创造力得以表现的师生关系、同学关系及班集体风尚。信任、公平、宽容、自由、安全、富于创造性的集体气氛是创造型教师进行班集体和学生管理时所追求的目标。

2. 创新教育能力的结构及其培养原则

作为一名创造型教师必然具有创新教育的能力,那么,创新教育能力的结构是怎样的,创新教育能力的培养又有什么可遵循的原则呢?

能力是符合活动要求影响活动效率的个性心理特征的综合。教育能力是符合教育活动要求影响教育活动效率的个性心理特征的综合;创新教育能力是符合创新教育活动要求影响创新教育效率的个性特征的综合。创新教育能力主要包括两个层次:即一般性创新能力和特殊性创新能力。

一般性创新能力包括:①培养观察力、记忆力、想象力、思维力、情绪情感能力、意志力、个性心理能力;②上好创新教育课的能力;③进行创新活动指导的能力;④学科教学和活动课教学渗透和培养一般创新思维品质的能力;⑤对学生创新素质发展进行评价的能力。

特殊性创新能力,包括培养语文能力、数学能力、音乐能力、绘画能力、体育能力等方面的能力。

创新教育能力的培养则要坚持以下几个原则:

(1)整体性原则。创新教育能力是一个整体结构,结构愈完整,功能就愈完善。培养创新教育能力,要使创新教育意识与创新教育能力协同发展,创新态度、创新思维和创造技能协同发展,使一般能力与特殊能力协同发展。

(2)发展性原则。创新教育能力是一种最高级的教育能力、教育艺术。它的形成必然经过一个从无到有,由低级到高级,由简单到复杂的过程,它的发展是无止境的,它是一个终身学习、终身发展的过程。

(3)实践性原则。创新教育能力的形成和发展离不开创新教育实践活动。无论是学校管理还是教育教学过程都要努力创设创新活动的条件,教一师要在教学内容上创新、教学方法上创新,促使教师在教育教学活动中培养和形成学生和自身的创新素质。

3. 创新教育对教师创新素质的要求

(1)要观念创新。更新观念是教师进行创新教育的前提,创新是以观念转变为先导。不同时期有不同的教育观念和教育思想。现代教育已由封闭式教育转型为开放式教育,继承式教育转型为创新教育,职前教育转型为终身教育,整齐划一的教育转型为个性化教育。强调多元、崇尚差异、重视平等、推崇创造的教育思想成为现代教育之主导。教师必须与时俱进,解放思想,树立现代的教学理念。

①以人为本,发展学生个性。以人为本,主要是指学校教育应以学生为中心,应培养学生自我生存能力、促进学生个性的全面发展,并把这作为当代教育的基本宗旨。"教育的本质是服务",适应学生的教育是最好的教育。学生的个性差异是客观存在的,个性差异是创造性发展的依据,没有个性难以培养创造性。因此,创新教育要以学生为主体,着眼于学生的全面发展,重视个性发展,强调个性教育。这种人性化的教育服务,就要改变过去那种整齐划一的教育模式,从学生差异入手,尊重个性,因材施教。

②创新教育观念。所谓创新教育,并不是一种具体的教育模式,而

是一种适应国家和社会发展要求的教育思想或教育理念。创新教育要求教师不能满足于传统的"传道、授业、解惑",而必须从知识的传授向引导创新转变。联合国教科文组织在《学会生存——教育世界的今天和明天》中指出:"教师的职责现在已经越来越少地传递知识,而越来越多地激励思考。"教师应在继承教育优良传统的基础上,树立创新意识,探求创新学习的方法和途径,做学生自主学习的引导者、学生能力的培养者、学生创新意识的激发者。

③终身教育观念。终身学习是21世纪的生存概念。早在20世纪60年代法国成人教育专家保罗·朗格朗在《论终身教育》一文中明确指出:"教育并非终止于儿童和青少年,它应伴随人的一生而持续进行。"特别是随着知识经济的到来,知识更新周期不断缩短,新知识层出不穷,信息量成倍增加,学习的概念和范围扩大了。终身学习在纵向上贯穿于人的一生,在横向上又要求每个人在不同的时期通过学习与实践始终与环境发展相适应。学习不再是学生的专利,教育也不再是教师的特权。教师要面对知识经济的挑战,热爱学习、学会学习、终身学习,了解学科发展最新动态,不断更新知识、更新教材内容,掌握新技能,才能有所发现、有所创造,才能使学生站得高、望得远,有所突破、有所创新。

(2)要具有多层次、多元化的知识结构。进行创新教育要求教师必须具有高度综合的科学文化素质和现代信息素养,具备多层次、多元化的知识结构。知识的综合化是当代科学发展的一个重要方向,科学设置综合课程已成为创新教育课程改革的核心。只有课程设置内容综合化,才能够真正起到促进学生全面发展、培养自主创新能力的教育作用。在综合化课程的具体实施过程中,要求教师知识结构多元化、多层次化,使之善于从学科交叉、学科对比与学科渗透等方面对学生进行全面教育。同时,要求教师能从科学的系统的高度来驾驭教学内容,有效地促进学生认知水平的提高。另外,教育内容的社会化和教育技术的现代化也要求教师知识结构多元化。因而,教师既要了解自然科学知识,也要了解社会科学知识、人文知识及其一般方法论,向多元知识结构的方向发展。

(3)要具有娴熟的教育素质。教学是一门艺术,艺术的生命在于创造。教育素质的创新应体现在教学模式、教学内容、教学方法、教学手段及教学环境的创新上。

①教学模式的创新。创新人才的培养是一种新的人才培养模式。作为教学改革的研究者和实践者的教师，不仅要具备现代教学理念，还要在教学实践中探索开放式、研究式的教学新模式，即教师通过教学研究，进行研究性教学设计，引导学生研究性的学习，将教师的研究性教学与学生的研究性学习有机地结合起来，激活学生自主学习和探究的热情，培养学生的学习兴趣，从而增强学生参与知识构建的积极性和自觉性，达到培养学生研究能力和创造能力的目的。

②教学内容的创新。教学内容的创新是进行创新教育的基础和保证。教师首先要确立"授课而非授书"的思想。要讲好一门课程，需要教师研究许多不同版本的教材，进行对比、综合、引证，形成自己的思想，通过对前人创新知识的理解和目前学科前沿动态的掌握，进行教学内容的改革。首先，在教学过程中以本学科重要原理和理论为重点，系统地论证和讲解其发展过程和应用价值，以培养学生进行科学知识原始创新的能力；其次，注重实践环节，不仅培养学生的验证理论、设计实验的能力，更重要的是能够引导学生运用所学的知识和技能进行探索未知世界的科学训练和解决生产生活中存在问题的模拟科学研究，以提高学生进行创造性科学活动的能力。在这种教学互动中，教师的创新性、稳定的教育素质也得以提高和完善。

③教学方法多样化和教学手段现代化。学生的创新思维是一项自主性的活动。传统的"填鸭式"、"满堂灌"的教学方法阻碍了学生的能动性和思维的发展，更谈不上创新思维和创新能力的培养。教学方法与手段创新的根本宗旨是培养学生的创造性。创造性具有三个基本特征，即独立思考能力、丰富的想象力和独立动手能力。这些能力的形成就要求教师针对不同的学科、不同的教学内容、不同的学生，采用多种教学方法与之相适应。要大力提倡启发式教学，废止填鸭式；提倡民主讨论式教学，废止一言堂、满堂灌；提倡大思路教学，废止细嚼慢咽；提倡引导式教育，废止保姆式、管家式的教育，以此调动学生的主动性、自觉性，激发学生积极的思维，提高学生分析和判断的能力，从而有所发现和创造。此外，要积极采用现代信息技术和现代教育技术，通过多媒体教学、网络

化教学,扩展教学的深度和广度,激发学生学习的兴趣和创新激情。

④营造民主和谐的教学环境。创新人格的培养和创新思维的形成,是一个长期的综合过程。只有在亲密融洽的师生关系和平等、和谐、宽松的教学氛围中,学生才能以主体身份积极参与课堂教学全过程,才会有创新潜能的迸发。这就要求教师在教学中改变居高临下的习惯,爱护学生的自尊心,尊重每一位学生的思想,鼓励学生积极参与,相互探讨,引导学生在探求知识的过程中培养科学精神。

(二)形成了富有个性化特点的教学风格与教学模式,在教学的各个环节、各个方面都有自己独特的稳定的表现

在骨干教师的创造期,已经形成了富有个性化特点的教学风格与教学模式。这时教师工作状态最佳,已形成自己独特的教育理念或教学思想,形成了自己的完整的教学体系及教学风格,成为学者型教师、专家型教师(学科带头人,特级教师、教育专家)。教师的教学艺术风格在教学过程的各个环节都具有独特而稳定的表现,呈现出浓厚的个性色彩,散发出诱人的魅力。在教与学的规律指导下,教师能和谐恰当地把课堂教学艺术风格融入教学实践之中,教学效果与质量不断提高。这一阶段的教学特征主要表现为:

(1)教学的独特性和教学个性在教学过程的各个环节、各个方面都具有科学而稳定的表现,教学活动中处处闪烁着创造性的火花和浓厚的个性色彩。

(2)整个课堂教学体现出科学性与艺术性完美地结合在一起,教学成为真正的研究教学艺术的科学。教师的教和学生的学共处于一种美的艺术陶醉与享受之中。

还是让我们一起看看在全国享有盛誉的著名特级教师于漪老师富有个性化特点的教学风格吧。

于漪教学风格述评

半个世纪的实践研究和理论探索,于漪形成了独具特色的语文教育思想,成为中国语文特级教师群体的优秀代表,成为中国语文教育界具有鲜明学术个性和广泛影响的语文教育专家。于漪如何能始终站在中

国语文教育理论与实践研究前沿,与时俱进? 我们从外显的教学风格和内隐的教育思想两方面加以探究。

一、教学风格

北京张定远先生曾就于漪的教学艺术做过这样的高度概括:寓教于情,声情并茂,教出趣味,活而有致。既激发一个"趣"字,又不忘一个"新"字。牢牢揪住一个"情"字,铸就一个"活"字。"趣",就是课要有趣味性。于漪认为,趣味性与知识性、科学性、思想性紧密相联。知识对青少年学生有巨大的吸引力,了解并熟悉学生渴求知识的心态,紧扣课文的特点,以知识的清泉浇灌,学生往往被吸引,沉浸在求知的氛围中。节奏上,课要张弛结合;方法上,直观演示、开拓想象、抓点拎线、形成悬念、展现意境、激发感情、讨论答辩、运用学生"逆反心理"等,都能使教学过程充满趣味性,从而激发学生的学习兴趣。"新"就是要有新鲜感。于漪认为,中学生具有好奇好胜的心理特点。新异的刺激物能引起他们的定向探究活动。因此,组织教学时,要以语文教学大纲为依据,从学生的心理实际和学习愿望出发,采用多种方法,组织新的内容、新的知识、新的能力,注意新的角度的选择和时代活水的充盈,使学生产生新鲜感。"情",就是课要"披文以入情"。名篇佳作,饱蘸着作者的思想感情,甚至凝聚着心血和生命。于漪根据作品中的具体形象,或展开想象,或唤起联想,或联系自己的生活经验和知识,让学生在咀嚼语言文字时把作者寄寓的情思化作学生自己的真情实感。于漪认为,教学时适当安排一定深度和难度的内容,使学生体验到克服困难的喜悦也相当重要。"活"就是"从心所欲不逾矩",只要是"不逾矩","从心所欲"便就蕴涵了一个真理,那就是教学的一个"活"字。于漪把传统的教学艺术发挥到了极致。她对每一课的精心设计,对每一个教学环节的处理,对一句话的剖析和欣赏,都明显带着"于漪"特点。于漪认为"不能千课一面"每一课都有一个新的惊喜,每一课都给学生带来浓厚的兴趣。于漪在教学中探索了多种教学方法。以"情"为例,于漪认为:教师教学要"声情并茂",要"体作者之情,察作者之意,文脉、情脉双理清";要"选准动情点,以情激情,满怀激情启发、提问、讲述剖析";教师要鼓励学生用自己的眼睛去发现祖国语言文字的美,要重视学生的朗读训练,把课文中的

重要段落、关键词句反复朗读,把无声的文字变成有声的语言,读出感情,读出气势,如出自己之口,如出自己之心;她强调"教师的教学用语要规范、生动、流畅、悦耳,能在学生心中弹奏"。

二、教育思想

教学风格的形成是基于对教学实践的体验和研究。在《语文教学观念的更新》这篇论文中,于漪概括了语文教育研究的五个要点,它们是:了解社会,把语文教学改革建立在对现代社会科学分析的基础之上;研究人,把语文教学改革建立在对教育对象个体和群体深入研究的基础之上;研讨语文教学的任务,使学生具有获取新知识的能力和运用知识于实践的能力,通过语言文字的学习与训练,扩充对生活的认识能力,发展思考力,丰富感受力,课堂教学模式和研究语文知识、技能的"核"与"壳"的问题;下点功夫学现代哲学、现代教育学、语言学、心理学、社会学,关注文学艺术上的讨论和进展,使语文教育理论和实践有更多的参照系统,提高理论和文化素养。正是由于具有这样的学术视野和思路,加之孜孜不倦的求索,于漪的教育理论著述一本又一本地问世,诠释富有创意的做法和相关的理念。

1. 语文教育观

于漪认为,语文学科是一门实用而多彩的人文学科,是重要的交际工具;是最重要的文化载体。因此教学要注意纵向继承,横向借鉴,从生活中汲取。语文的工具性与人文性有机结合,实用而多彩。语文学科又是一门多功能的育人学科:以智育为核心,渗透德育和美育,培养素质和发展智力,讲求综合效应。

2. 语文教学观

于漪追求语文教学的综合效应,把语文教学视为一个整体。她认为语文教学一定要从整体出发,以语文的整体性为依据,处理好语文的内部结构与外部的各种关系。具体表现为:

(1)教师的教与学生的学有机结合,表现了"能者为师"的特点,进而使学生的知识能力和智力达到协调发展。

(2)综合了课堂上教师与学生组合的种种形式,经过优化,形成了科学的辐射式的教学网络,改变了单向型直线往复的课堂教学结构,采用网络式教学形式,师生双方积极性高涨,课就上得立体化,空间充实,时间紧凑,教学效率大为提高。

(3)综合了教材的逻辑结构和教学的程序,选择最佳结合点,使思想、知识、能力、智力等教学目标有效得到落实并融为一体。

首先,于漪认为语文教学是系统工程。要探索语文教学科学的序列,按照循序渐进的原则传授知识,进行听说读写能力的训练,不探讨科学的序列,教学中有些突出的问题很难解决。教学阶段性要清晰,不管是知识的传授还是能力的培养,都要有"序",每个学期、每个阶段、每个单元要达到怎样的目的,教师要心中有数,成竹在胸,然后再把这些目的要求根据教材的特点和学生的实际分别落实到一篇篇课文教学之中。她认为语文教学要讲究科学性,用最少的时间获取最好的效果遣词造句、表达思想的准确性、深刻性、生动性。分析这些词句、段落在文章中的地位和作用。

于漪认为一堂课是一个整体,教师应该精心去设计、精心安排,要讲究课的开头,结尾及其发展过程的跌宕起伏。讲究课的各个环节,要精心设计,重视各环节间的紧密联系。

3. 学生观

"既教文,又教人",这便是于漪在语文教学实践中最重要的体会。她认为语文教学必须树立育人的远大目标,必须树立能力为本的观念。语文教师要永远把学生放在第一位,相信学生,尊重学生,把他们当成真正的学习主人。她认为,培养人就得研究人,研究今日的学生,研究明日建设者的形象。要排除两种干扰,一是共性与个性的问题,一是教育全面质量观与教育片面质量观的矛盾。要重视学生的个性差异,多角度、多层次、多模式地因势利导,长善救失。她主张每位学生都应成为学语文的"发光体"。

4. 教师观

于漪认为,语文教学的生命力在于教师不断提高自己。要使自己的教学有生气,使学生深受其益,语文教师必须认真地抓自身思想、文化业务建设,学而不厌,锲而不舍,坚持自我塑造。语文教师要有师爱的激荡;要有深厚的功底;要有时代的年轮。

于漪在 1996 年给贵州偏远山区一位中学语文教研员的复信中结尾有这样一小节：

"我当了一辈子教师，教了一辈子语文，上了一辈子深感遗憾的课。我深深地体会到'永不满足'是必须遵循的信条。正如《浮士德》诗剧中主人公浮士德所说：'要是有那么一刹那，对我说：停住吧，你是多么美好！那时也就敲响了我的丧钟。'浮士德上天下地求索，经历了爱情的悲剧、事业的悲剧，什么都一场空，但是他没有灰心。最后，他在一块荒芜不毛的海滩上建立起人间的乐园，心里一片光明，情不自禁脱口而出：'停住吧，你是多么美好！'这一刹那，浮士德倒地死去。满足意味着生命的结束。"

总之，锲而不舍！永不知足！是于漪独特的教学风格与教育思想形成的关键。

（三）开始总结出自己的教育观点和某方面的理论，并发表有
　　　一定分量的教育论文或教育著作，向专家型、学者型教
　　　师进行转变

21 世纪的教师不能只低头拉车，还应抬头看路。不能满足于一个优秀教师的角色，应该是一个教育的思考者、探索者和研究者。新时期的教育要有基于工作的学习，即把工作看成是学习、实践的机会；要在实践中总结反思，注意到每堂课的教学思路是否清楚，学生的活动量是否充足，教学教育目标是否达到，提醒自己下一堂课应如何进行调整等等；要在研究状态下工作，即以研究的心态、研究的视野看待自己的工作。教师要追求自己专业的成熟，求得自己专业更大的发展空间，必须在教育教学实践中学会研究，要不断筛选自己的教学经验，将教学实践中的问题转化为课题，把课题研究融于日常教学之中，课题研究与教学实践互动，使自己成为研究型教师。所谓研究型教师，或者说是学者型教师，其含义都是指其掌握先进的教育教学理论和创新理念，能够熟练地掌握并运用教育规律，优化教育教学结构，运用科学的方法进行教育教学。

教师是社会中知识素质较高的群体，优秀教师的转化则是一个漫长的过程，并不是每一位优秀教师都能成为专家教师的，能否实现这种转化，关键在于教师是否具有自我提高的意识和较强的教育科研能力。一

个教师,不经科研之路,便难以完成从"教书匠"型教师向"专家型"、"学者型"教师的角色转变。要走向科研路,实现由经验型向"科研型"、"教书匠"向"专家型"的转变。同时还有一个理由,具有科研意识、知识与能力是所有专业人员的共同特征,教师如果不把教育作为研究对象,对此进行深刻的反思,其本身也会失去思考和发展的活力。当前活跃在教育教学第一线的"学者型"、"专家型"教师,都是科研的骨干,因此"最好的研究者才是最优秀的教师"。

青年教师普遍教学任务重,时间紧迫,资料缺乏,信息不灵,教改科研之路是极其艰苦的。但是,教师的研究能力不会与生俱来,也不会从培训班来,而是在研究中不断锤炼出来。因此,只有排除万难,从繁杂的事务性工作中解脱出来,以研究者态度置身于教育情境,以研究者的眼光审视已有教育理论和教育实践,积极调查研究,寻找对策,置身于以科研带动教研、以教研促进教改的良性循环。从抓经验、调查研究入手,把经验和调查报告的内容,作为建立理论的基础,逐步加以升华。科研课题的选择无论是宏观、中观、还是微观方面的课题,都要以学校的教学实际为基点,既体现超前意识、又考察本校本地区教育发展的实际,确定一些应用性强、对本校本地区教育工作有指导意义的课题,逐步完成由经验型研究过渡到科研型研究,摆脱"教书匠"的尴尬处境,逐步提高解决教育教学实际问题的能力,不断提高思考力、感悟力,不断提炼新见解、新观点,甚至形成自己独到的教育教学思想,从而全面地提高自己的学术水平和教育智慧,缩短成熟期,成为开拓型、创造型、研究型的教师。

二、创造期要注意的问题

(一)要以开放的心态,实现学识专深化

一项调查发现,专家型教师时刻对自己的教育教学表现出不断探索和刻意求新的态度、品格和习惯,他们习惯于以开放的姿态,善于把他人的成功之因素嫁接到自我经验的相应部位。他们对自己已有行为和习惯进行审视和考察,筛选并保留好的,淘汰和改造差的和坏的。调查发现,优秀教师的"教后感"则是包含着对这些问题的深刻思考,表明了他们在"教后"对"教中"的反思。在他们的成长过程中,随着经验的逐步

积累和丰富,教师在教育教学过程中会随时对自己的教学实施有效的监控和调控,这正是优秀骨干教师成长的途径和标志。

(二)要实现经验型教师向科研型教师的转变

变"经验型"教师为"科研型"教师,是优秀教师区别于一般教师的一个显著标志。教学水平要提高,就必须积极投身于科研实践中,勇于探索,勤于思索。在研究的过程中,养成探索的思维态势和创新的思想方法。教师在教学实践第一线,直接接触学生,参与各类教育活动,必然会遇到各种各样的疑难和问题。要善于分析各类问题,从中发现有价值的、其他人没有认真研究的或者研究结果不明显的问题,作为自己的研究对象和课题。要大胆承担各个级别科研课题,在研究过程中,学习新理论、新方法,并运用新理论、新方法去了解、分析、研究教学中的疑难和问题,逐步探索、揭示、掌握其教学规律,不断提高自己的教学水平,并且也要不断把研究得出的新认识、新观点、新方法,通过科研报告、论文、论著等文字形式表达出来,在提升自身的同时,交流、推广教科研成果。

无法飞翔,是因为把自己看得太重

曾看过这样一个故事:

人问神:

"为什么我无法飞起来?"

神没有回答,却去问鸟:

"你为什么能飞起来呢?"

鸟回答说不知道。

于是人愤愤不平:

"我这么聪明,这么有能力,上知天文。下知地理,可我为什么偏偏无法飞起来呢?而这样一只愚蠢的鸟却能在天空中翱翔!"

这时神对人说：

"你无法飞翔的原因，正是因为你把自己看得太重了。"

虽然这只是一个寓言故事。但却有值得我们反思之处。把自己看得太重只是一个表象，真正的弊病是随之而来的自满。

西方有句格言：

"天使之所以飞得高，是因为它的翅膀很轻。"当一个人将自己看得过重的时候，往往是无法进步的。

有时，我们习惯于将目光紧紧盯在自己的长处上，看不到自己的不足，也看不到别人的优点。久而久之，我们便只能做井底之蛙，不能进步，更无法飞翔。

曾听一位校长说：

"我一点都不愿意再有研究生到我们学校来教书。学历高并不一定就是好事情，有时反而让人头疼。"

原来这个学校曾经进过一个研究生，刚来的时候，校长特别希望他能给学校带来新气象。可是没多久，校长就发现这个研究生很傲气，总认为自己是名牌大学的研究生，便觉得处处高同事一等。

当老教师跟他讲一些工作经验时，他满不在乎地一撇嘴：

"你那些都是老皇历了，一点新意也没有。"气得老教师再也不愿意跟他多说一句话。

如果这个研究生真的能做出一些成绩的话，倒也能让人高看他一眼。可是，他来了两个月了，什么都没做出来不说，整天只知道指手画脚，张嘴闭嘴就是自己的一套理论。

他还经常将一些很简单的事弄得十分复杂，比如有一天学校急需一批打印纸，因为他刚来没多久，学校还没安排他当任课老师，他还在总务处实习，于是校长让他去买打印纸，结果半天都不见人影，一早出去，直到中午才抱着一大摞打印纸气喘吁吁地回来。

于是校长问他：

"你去哪了？怎么一上午都看不见人影？"

研究生上气不接下气地说：

"我去中关村买打印纸了啊，这么一大堆搬回来，累死我了。"说完还掏出一张出租车票要求报销。

校长接过出租车票哭笑不得：

"买包打印纸用得着专门打车去趟中关村吗？打个电话订不就行吗？人家还负责送货上门呢，价格比你买的还便宜许多。做事之前你就不能先问问别人吗？"

这位校长感慨地说：

"不光这些，每次学校开会让大家提意见的时候？这个研究生总是一口一个'我在学校时怎么样'，'我认为这样最好'……自大得让人觉得可笑。

"他还动不动跟我说清华、北大附中怎么怎么样，人家是怎么运作的。"

"这些我当然知道，可是我这只是一个普通中学，无论人力还是办学条件都远远没有达到那个程度，他跟我说这些有什么用，一点也不实际。可我说他，他还跟我急，说我没有一点长远的眼光。三个月以后，他就自动辞职了。"

其实，哪怕你是个博士，都要牢记"虚心使人进步"这个最浅显不过的道理。虚心并不是说把自己看轻，或轻视自己的价值，而是说你应该看到自己的不足，时刻向别人学习。

没有一个人是完美的，也没有一个人是全才，就算是最伟大的教育家，也有自己的缺点。

当你把自己放在一个很高的位置上，自以为处处高人一等时，其实是把自己放低了。所以，请牢记：你永远无法飞翔的原因，是因为把自己看得太重！

学会"时刻归零"

美国纽约自经历了"9·11"的浩劫后，令人熟悉的世贸双子塔已化为一片废墟，从此它便多了一个名字——归零地（Ground Zero）。

在那片废墟上，用两排铁栏围出一条走道，铁栏后挂着"我们永远不会忘记"的大布条。栏前便是"归零地"，可以看见起重机、挖土机、卡车、建筑工人在清理废墟。

在"9·11"以前，两座世界最高建筑物之一的世贸中心，还伫立在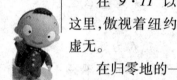这里，傲视着纽约市，而今，被挖空了的巨大废墟让人感受到"零"的虚无。

在归零地的一旁，人潮不绝的14街地下铁站内有个小型警站，警站旁的一大片墙变成了追悼空间，列出了世贸中心及两架撞楼的民航飞机上的罹难者的名字。

纽约市地下铁站的墙壁变成了追悼墙，上面的涂鸦都是激励人心及感恩的话语——"纽约，这（灾难）杀不死我们的，只会让我们更坚强。"

也许我们曾经风光，也许我们曾经辉煌，但人生不可避免地会随时面临着挑战与坎坷，也许由于我们想不到的原因，我们以前所做的一切都会全部付之东流。

当我们从人生的巅峰一下被打回人生的零点时，我们所要学会的第一件事，就是调整自己的心态。

当然，也许你并没有被打回人生的零点，你还如日中天，一直处于事业的顶峰，但是，你同样应该学会主动归零。

只有归零，才能腾出空间接纳新的东西。

曾经有一位学者向一位著名的禅师问禅，学者一见禅师，就滔滔不绝地说开了。禅师没有说话，只是静静地以茶相待。他把茶水缓缓注入这个学者的杯子里,一直到杯子满了。禅师停下看了一眼这位学者,学者并没有急着去喝茶。

稍后禅师又继续注水,这位学者眼睁睁地望着茶水绵绵不断地溢出杯子,一直流到桌子上到处都是,他忍不住说"大师,茶水已经溢出来了,请不要再倒了。"

禅师说:

"你就像这只杯子一样,脑子里装满了你自己的想法,你如果不先把自己的'杯子'倒空,叫我如何对你说禅?"

装满了水的杯子,是倒不进新东西的。

当我们有了一些成就时,很容易自满,止步不前,那样就永远也不会提升。只有放低自己的心态,否定自我,用空的心去学习,才能使自己不断地进步。

作为一名教师,如果你拥有不俗的才华,又善于拼搏,就一定能在本校、本地区取得相应的地位与名声,这个时候,你需要有否定自己的勇气和不断开拓的勇气。人很容易在这个时候停滞不前,因为这个时候可以躺在名气的温床上过舒坦的日子。

否定自我,就是一个不断归零的过程;否定自我,就是再次选择布满荆棘的探索之路。这需要勇气。在教育研究的道路上,你什么时候停止了对自己的否定和超越,也就停止了威望的延续。教育研究随时代的步伐永不停息,你一停止,就会被时代甩在后面。2005 年 7 月,钱梦龙老师以 74 岁的高龄,在课堂上展示他对新课程下的语文课堂教学的理解和实践,台下每一个听课的老师,无不为钱老永不停息的学习和超越、否定和更新的精神所折服。

否定自我就不能封闭自我,永远以学习的心态敞开自我,接受他人的思想和观点。一个人成长到一定的程度,会拥有自己的思想体系,这个思想体系是他存在的确证,但是,这个思想体系也可以将他包围起来、隔绝起来,难以接受新的东西,就像一个盛满东西的器皿,再也装不进新的东西。勇于否定自我的人,往往具有奋进的激情,也常会有新的教学研究成果出现,从教育心态来讲,他们永远年轻,永远青春。

谦虚往往是对的

北师大博导周流溪酷爱语言学,投师于四川大学音韵、训诂大师赵振铎门下攻读博士,成为求学佳话。这段求学佳话在师生间慢慢传开来,获悉的老师同学无不惊叹。"周老师是外语方面的专家,也是著名语言学家。一般情况下,教授退休后多做学术、带学生,而像周老师这样的专家,还要再读博士真是令人敬佩!现在这样的人好少哦!"

周老师自己就是导师级别的。是外语方面的专家,也是著名的语言学家,居然在63岁的时候再攻读博士,可以看出,周老师是一位谦虚谨慎,虚怀若谷的人。

凡是有真才实学的人,无不具有虚怀若谷的品质,他们谦虚谨慎,治学严谨!

钱学森是我国著名的科学家,是人类航天科技的重要开创者和主要奠基人之一,是航空领域的世界级权威,有"中国航天之父"和"火箭之王"的美誉。他很谦虚,从不谈自己的成就。在一次记者招待会上,他说:"我就是这样一个人,原来是普通的科研人员,后来我当选科协领导,我有许多东西要向同志们学习。"

不管一个人取得了怎么样的成就,都不要骄傲自满,每个人身上都有你学习的地方。

孔子带领学生去鲁恒公的祠庙参观的时候,看到一个装水的器皿,孔子告诉学生,这种器皿装水不多不少才能端正,过多或者过少它都会翻倒。孔子说:"世界上哪会有太满而不倾覆翻倒的道理啊!"

李嘉诚经过数十年的努力,成为全球五大豪富之一,但他依然谦逊,平和。有一次,他参加汕头大学的奠基典礼,本来他作为创建人之一,应是当之无愧的签名在贵宾签名册上,可他没有,只是将自己的名字签在第三页上,在宴会上,他和宾客握手,交谈,不论对方地位的高低,没有一点儿架子。无论是面对百姓还是权贵都能一视同仁,谦逊朴实,这才是我们要学习的一种谦虚,淡泊的修养。

我昨天参加了教学研讨会,会后和大家一起吃饭的时候,在饭桌上,我端起酒杯说:"首先,我借花献佛了,借着这次饭局,在各位高一组的老师都在的情况下,咱们高一组在本次几个学校联合考试中,获得第一名的成绩,这都是大家努力的结果,成绩都是大家的,我借光了。"

这时候,有个老师说:"哎呀,你们第一啊,那要奖励组长好几百元钱呢!"

我一听,马上就说:"如果是那样的,这些钱请大家吃饭,我请客!"

我确实是这样想的,成绩是大家的,我自己能做什么呀,十多个班级,我只教两个班级,还是大家努力的结果。领导表扬我的时候,我是很感谢高一的这些老师的。

谦虚谨慎,虚怀若谷的治学品质,值得我们学习。

每个人都有自己的优点,也都有自己的缺点,闲谈莫论人非,静思常思己过,时刻怀着谦虚谨慎的态度,宽以待人,严以律己。

有句话叫:没人比 Google 知道得更多。

确实,知识永远学不完,个人的知识虽然丰富但也不可能比 Google (强大的搜索引擎)知道的多。所以,作为教师,我们一定要谦虚地认识自身的知识与能力,只有谦虚才能使人进步。鲁迅先生说过:"不满足是向上的车轮。"很多人走上讲坛后才发现,自己所学的知识永远不够用。时代在发展,知识在更新,生活在继续,你的努力就不能停顿,否则就被淘汰。

我们永远不要满足自己的知识水平和教学能力,要学习一切需要掌握的新的知识!只要教学需要,就必须认真学习,不断学习,始终保持在新一轮竞争中的优势,才不会被淘汰出局。

有知识并不等于有经验,没有经验则能力就发挥不出来。一个人的知识和能力需要在工作中不断学习、不断充实,从而获得不断进步。知识日新月异,许多新的问题需要在实践中去探索、去解决。如果不加强学习,就会在别人进步的同时落后,而最终在激烈的竞争中被淘汰。

　　一个博士被分配到一所学校,成为那所学校中学历最高的人。一天,他到学校后面的小池塘去钓鱼,正好正副校长在他一左一右也在钓鱼。他只是微微点了点头,心想:这两个本科生,有啥好聊的呢?不一会儿,正校长放下钓竿,伸伸懒腰,蹭蹭蹭从水面上如飞地走到对面上厕所。

　　博士眼睛睁得都快掉出来了——水上飘?不会吧?这可是一个池塘啊。正校长上完厕所回来的时候,同样也是蹭蹭蹭地从水上飘回来。怎么回事?博士生又不好去问,自己是博士生啊!过一阵,副校长也站起来,走几步,蹭蹭蹭地飘过水面上厕所。这下子博士更是差点昏倒:不会吧,到了一个江湖高手云集的地方?

　　一会儿,博士生也着急了。这个池塘两边有围墙,要到对面厕所非得绕十分钟的路,而回学校上又太远,怎么办?博士生也不愿意去问两位校长,憋了半天后,也起身往水里跨:我就不信本科生能过的水面,我博士生不能过。只听咚的一声,博士生栽到了水里。

　　两位校长将他拉了出来,问他为什么要下水,他问:"为什么你们可以走过去呢?"两校长相视一笑说:"这池塘里有两排木桩子,由于这两天下雨涨水正好在水面下。我们都知道这木桩的位置,所以可以踩着桩子过去。你怎么不问一声呢?"

　　从这个故事,我们可以得到两点启示:一、学历只能说明一个人受教育的程度,不要以为自己有多么高的学历、多么丰富的知识就一定能做好工作,只有实践经验才能让人提高能力,让人少走弯路。二、学历高,知道的知识多,更应该谦虚,有不明白的地方,要放下面子向人请教。

　　学校中的任何一位成员都可能是某个领域的专家,所以你必须保持足够的谦虚。若不能摒弃"精英情结",总认为自己见识高人一等,能与人有效沟通吗?须知术业有专攻,在一个领域你是专家,换个领域说不定你就是个学生了。所以,一定不能骄傲自大。

　　宋代的苗振想到史馆去任职,但必须参加相关的考试。宰相晏殊对他说:"你长期在官场做事,文笔肯定有些荒疏,在参加考试之前,应该温习温习呀。"苗振不以为然地说:"哪有做了三十多年的接生婆还会把婴儿包倒了的?"

不久,馆职考试结束,苗振没有被录取。他很不好意思地对晏殊说:"事情让你料到了。没有想到,我这一回还真的把婴儿给包倒了。"晏殊说:"满招损,谦受益。就是做一件小事也要有所准备的,何况这么重要的事情呢。"

做了30年的接生婆,居然把婴儿包倒了。原因很简单,就是"骄傲"。除了这还能有什么原因呢?

越是有知识、有成就的人越懂得谦虚。科学家伽利略说:"当我历数了人类在艺术上和文学上所发明的那许多神妙的创造,然后再回顾一下我的知识,我觉得自己简直是浅陋之极。"如果你学识渊博,尽管有骄傲的资本,也应该做一位虚怀若谷的人,这并不妨碍你事业的发展和人们对你的赞赏和尊重。

一个人是否谦虚,能衡量出他品格的高下。有些人,取得一点成绩,就像母鸡下蛋一样,大嚷大叫,唯恐别人不知道。然而,也有些人,即便取得了惊人的成就,也不声不响,像登山队员似的,登上一座山峰,又朝更高的山峰攀登了。

顾炎武是我很尊敬的一位近代著名大学者,他就认为天下的学问是无穷无尽的;昔日之所得,不足以自矜,后日之所成,又不容以自限。他虽然从小就在家庭的熏陶教育下打下了扎实的知识根基,后来又成为一位名满天下的学者,但他不自满自傲而是虚怀若谷,向师友学习,取人之长,补己之短。

做教师,尤其是想做一个"教育家"型的教师,首先要做一个谦虚的人。要懂得人生无止境,事业无止境,知识无止境。

走个性化发展之路

我们提倡教师要有"空杯"心态,要以谦虚的胸怀向别人学习。但是,这并不意味着,我们只是在"装"别人的东西,只是在抄袭、模仿别人,而是说我们要善于把别人的东西变成自己的东西,走个性化发展之路,最终超越别人。

北大附中的特级教师程翔说过:"我们必须以自身为基础来吸取消化别人的先进经验。"学习于漪,并非把自己变成于漪;学习魏书生,也并非把自己变成魏书生。教师要敢于张扬自己的个性,更应该善于保护自己的个性。

个性,简单说就是天赋,一般表现为兴趣、爱好、特长。过去一谈个性就谈虎色变,认为个性就是个人主义,我们应当冲破这个思想禁区。个性和个人主义是两回事。个性发展完全合乎人才成长的必然规律。个性是教育的灵魂。个性发展是全面发展的核心,没有个性发展的全面发展很难说是全面发展,全面发展是个性发展的基础,没有全面发展的个性发展,可能是一种畸形发展。对于学生我们讲究个性化,对于教师的自我发展,也要走自己的个性发展之路。

教师的个性化发展,是根据教师自身的规律特点,依据自身的兴趣、爱好、追求,塑造不同的个性,"没有个性的老师,就没有个性学生"。在以人性化教育促进个性化的发展中,教师不仅要有独立的人格,更要有独特的个性,它不仅影响其自身教育教学活动的效果,而且在很大程度上影响着学生个性的健康发展。

1. 教师教学的个性化

个体是有差异的,这是个性教学的心理学基础。个体因为存在着差异,才有实施个性教学的必要性、可能性。个体差异主要指人的心理差异,即人们在性格、兴趣、气质、能力等方面的差异,其它如生理、社会的

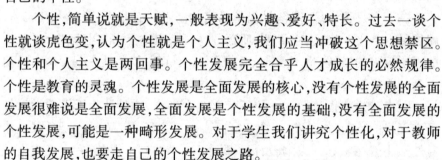

差异都会对人的心理造成影响。心理学的研究成果告诉我们，相同心理发展阶段上的人，虽存在着大体相同的心理特征，但由于受个体高级神经系统发展程度及家庭环境、生活经历、社会实践不同的影响，故他们在心理因素的各个方面如意识、需要、兴趣、动机以及能力、气质、性格等各方面都带有个人色彩，存在着许多差异。人的个性就由许许多多的差异所构成。所有这些差异反应到教育上，从教学的角度看，就有"成就度差异"、"学习速度差异"、"学习能力差异"（学习动机、学习态度、学习方式等）、"兴趣爱好的差异"、"生活经验的差异"等。这是从受教育者的角度来说的。从教育者的角度来说，也是一样的，每个教育者自身也有着千千万万的差异，表现在教育观念、教育方法等各个方面。因此，从客观存在来讲，教育是不能无视更不能抹杀个体差异的，承认差异是发展个体的前提，也是教育的前提。

教育就是促进人的发展。人的发展包括身体与心理两大方面。身体的发展主要是指身体各器官的结构与机能以及机体系统结构与机能的生长发育、成熟、退化等变化。心理的发展包括人对外部世界和自己内部世界的认知能力、情感、意志以及心理的外部表现——各种满足需要的行为方式的形成与变化，还包括人的心理需求水平及个体心理整体结构的整体性特征——个性的形成与变化。个体发展的实质就是"个体生命的多种潜能可能逐渐转化为现实个性的过程"。从这个实质意义上说，教育促进个体的发展，就是促进个体实现个性的形成与发展，即不仅要兼顾身体的发展，更要关注心理的发展，要帮助个体形成和发展良好的个性，只有这样，才能帮助个体形成发展的自主能力，使个体的发展由自发水平提高到自觉水平，使个体成为自己发展的主体。这是教育的目标，教育的任务。

现代社会竞争的核心已变成人才素质的竞争，而人才素质的关键则是人才的个性。显然，教育的质量能否得到社会的公认，学校在知识经济中是否具有生命力，关键取决于培养的人才是否具有很强的创新精神和创新能力，是否具有个性。缺乏开拓精神和竞争能力的书呆子，在当今社会毫无疑问是要被抛弃的。因而，无论是迎接国际竞争的挑战，还是适应社会主义经济体制转变的需要，教育教学必须要进行改变，学校的学习必须趋向个别化,教学要综合化。另一方面,社会经济的发展也为教育的进一步发展提供了物质条件,使个性教学成为可能。信息技术的突飞猛进与教学的结合,使计算机辅助教学得以发展,并且朝着网络化方向发展。这使得班级教学和课堂教学发生了翻天覆地的变化,教学也必然发生革命,即走向个性化教学。

从现代人自身的意识和观念来看,现代社会的人逐渐关注自身,希望发展自身的个性。在中国的传统教育中,只注重对人提共同的要求,个人是集体的附属物,不需要有个性,也不允许有个性。随着社会民主制度的不断完善,人们会越来越清楚地认识到个体的价值和意义,因而会更强烈地要求教育关注人本身,要求教育更好地促进人的发展,而不是扼杀人的个性。因此,依据人的身心发展规律,在教育过程中就要求教育者因人而异,因材施教,实施个性教学。只有符合人的身心发展的需要,符合受教育者的年龄特征和个性,注意全面协调发展,培养和谐全面的良好个性的教育教学,才是人根本需要的。

人的主体性和个性发展问题,从来没有像今天这样引起世界各国的重视,并成为世界教育改革的新潮流。这既是社会发展的要求,也是教育自身的发展趋势。当代哲学、心理学、脑科学研究的最新成果表明,个体之间发展的根本就是差异性和个性的发展,这就要求教育教学提供与个体差异和个性相一致的实践形式。国外早在八十年代就已经非常重视个性教育的研究了。日本临时教育审议会关于教改的第四次报告明确地将"重视个性的原则"作为教育改革的最基本的原则;苏联教育改革家主张"个性的民主化",认为个性的自由发展是教育的目标,合作教育学应该成为个性发展的教育学,而不仅是智力发展的教育学。我国虽然起步较晚,然而近些年来提出的素质教育、创新教育、全面发展教育都有着丰富的个性教育思想。尤其到了今天,个性教育越来越受到教育改革家和教育一线的工作者们的重视,我国的教育教学正从历史的桎梏中挣脱出来,越来越清楚地显现出自身的个性。许多教育名家不仅十分关注个性教学,而且身体力行,已经为我们提供了个性教学理论和实践两方面的宝贵经验。随着教育自身的不断发展,个性教育将最终成为教育的主流。

2. 教学机智的个性化

现在的教学与传统的教学很大的不同之处在于现在强调教师的教学机智。课程改革所倡导的教学观——"教学不只是忠实地实施教案过程,而更是课程创生与开发的过程",需要教师的教学机智;"教学的本质是一种'沟通'与'合作'的活动",需要教师的教学机智;"教学过程要走向相互适应取向和创生取向",需要教师的教学机智。教学过程成为教师与学生追寻主体性、获得解放与自由的过程,这种"解放"将使教学过程真正成为师生富有个性化的创造过程。例如,在语文阅读教学中,教师可以运用引导、指导、点拨的具体方法,体现教师教学机智的个性。又如,用"降"字组词,一个学生说"降龙十八掌"引来哄堂大笑;用"毒"字组词,一个学生说"毒品"引来一片茫然。此时教师不应该视而不见,而应该以自己的个性化方式进行处理。

请看《从天然材料到人造材料》一课时的机智教学案例:

生:人们能用煤、石油、天然气做原料人工合成橡胶,橡胶是合成材料(教材原文)。那么,做房子用的预制板是由钢筋、沙子、水泥为原料做成的,预制板也应该是合成材料。

师:我们把已损坏的预制板用铁锤砸碎,你们能看到里面的钢筋、沙子和水泥吗?(教师让学生看预制板碎片)

生:能看到。

师:我们把合成橡胶用刀切开,你们能看到里面有煤、石油、天然气吗?(教师切开合成橡胶让学生看)

生:看不到。

师:合成橡胶是合成材料,预制板是不是合成材料呢?

生:预制板不是合成材料。

师:加工材料有什么特点?(让学生讨论)

生:加工材料是把天然材料进行加工形成的,没有变成新材料。

师:对,那么合成材料又有什么特点呢?

生:合成材料是用几种不同的材料变成一种新材料。

师:总结得很好,你们以后就根据这些特点去给材料分类。

教师发现学生能讲出很多材料的名称，却难以给这些材料分类，特别是对"合成材料"的归类更是模糊。教师针对这种情况，灵机一动，借事解惑，取得了较好的效果。

3. 教学语言的个性化

苏霍姆林斯基在《谈谈教师的教育素养》一文中认为教师的教育素养是由"对自己所教学科要有深刻的知识"、"懂得各种研究儿童的方法""语言修养的问题"三个方面构成的。苏霍姆林斯基说："语言修养的问题跟其他同样重要的问题一起，成了我们全体教师特别关心的对象。我们研究这个问题已经有 25 年了。"最后苏霍姆林斯基得出结论："教师的语言修养在极大的程度上决定着学生在课堂上的脑力劳动的效率。我们深信，高度的语言修养是合理地利用时间的重要条件。"所以，对教师阅读教学的评价应该充分关注教师的教学语言。有的教师语言幽默，有的教师语言精练，有的教师善于抒情，有的教师长于阐理。教师的语言应该在博取百家之长的同时，正视自己的"专长"，实现自身发展的个性化。

教师的个性是教师知识、技能、素养的综合表现和情感、意趣、人格的集中展示，是不墨守成规的探索，不人云亦云的创造，是对现实的强烈追问、对保守的透彻批判，是对困惑坚韧的思考、对体制顽强的挑战，是对现状踏实地开拓、对理想执著地攀登。其核心价值表现为一种崇高的精神追求，其终极目标表现为一种破中有立的建设。教师的个性应该是符合教育规律、有利于促进学生发展、建立在教师良好的品德、人文素养的基础上的，是不过分计较得失、不轻易畏惧强权、动摇屈从，保持独立人格和尊严、捍卫和发展真理的。

因此，张扬个性不仅需要勇气，也需要智慧，我们要学会在张扬中保护，在保护中张扬，要让个性转化为成长的优势。

教师要学会反思

进行教学反思,写好教学后记,既是教师职业发展的要求也是教师自我成长的要求。如果我们能时常反思自己的教育行为,往往就会发现我们的工作有许多值得改进的地方,有许多事情可以做得更好。然而,我们的老师写的教学反思就像写评语一样,只是对自己的整个教学过程作简单的概括,缺少对教学现象和本质的深度思考,收效甚微。如何寻找反思点,写好教学后记呢?

案例:

曾经随堂听了一位同年级的老师上的《比例的基本性质》一课时,让学生讨论1.2、0.5、1.8、7.5这四个数能否组成比例,如果能,你能写出几个比? 在活跃的气氛中,学生说出了好多的比例,教师脸上露出满意的笑容. 这时有个学生回答说1.2:0.8=7.5:0.5,老师问这两个比可以组成比例吗? 学生齐生回答说可以。教师按设想的思路一路走下去,就在快下课的时候,有个学生举起手来。教师问他有什么问题,这个学生说:"老师,1.2:0.8=7.5:0.5这两个比不能组成比例。"教师脸上顿时暗下来,"哦"了一声,然后又说:"是吗? 你们大家怎么给我错误的答案啊,老师也没有计算呀。咱们一起来算一算。"事实证明这位学生是对的。忽然,这位老师又想起了什么,说:"某某虽然平时做作业比较马虎,但是今天却很细心,我们表扬他"。学生听了教师的话,"啪啪,啪啪啪"立刻齐刷送给他一片掌声。某某脸上也不知是什么表情坐下了。

反思:

我们把这个细节放大处理,我认为这位教师已经认识到表扬的重要性,但充其量只是把它作为自己实现新课程理念的一种点缀,而不是发自内心地、由衷地赞叹,教师在表扬的同时有一种"高高在上"的评判味。我们给学生以激励性评价,不能只是停留在口头,或是在需要做时才做的一种装饰,它需要时时渗透在教师的教育思想中,处处落实在教师日常行为之中。当教师对学生进行激励性评价已经到了"润物细无声"时,新课倡导的"以学生为本"的思想才能真正深入到我们的教育之中。

其实,在教学过程中,教师反思点有很多,这个反思可说是教学中细节的反思,当然,也可反思教学失败的过程,反思教学中的亮点或反思教学中的突发事件,寻找已有经验与新课程理念的差距,促进教师的专业发展。同时加强理论学习,联系自己教学中的点点滴滴,及时记录反思,去粗取精,去伪存真,完成由实践到认识的飞跃,把感性的体会上升到理论认识,再去指导我们的课堂教学实践,这样不断地循环反复,才能有所发现,有所创新,有所前进。不断完善自己对教育的理解,才能不断提高自己的专业素养。

1. 要明确教师应该反思什么

教师的教学反思应该贯穿于教学活动的始终,具体来说,主要包括以下几方面:

*(1)*及时总结、记录自己教学的成功之处。

任何一堂课都有其成功的地方,也可能存在某些缺憾。作为教师,不论是教学观念、教学方法还是手段的独到之处、创新之处、精彩之处都应及时记录下来,作为以后从事教学的宝贵素材或案例,不断加以充实和改进,就可使以后的教学更轻松,更趋于完善。同时,它也为教师深入开展教研工作提供了很有参与价值的第一手材料。

*(2)*从瞬间的灵感中给人以感悟。

日常教学过程中,教师在瞬间迸发出的教学灵感,抑或是学生思维方式的独到的见解、想法、做法,都是难能可贵的。身为教师,在及时给予学生以正面鼓励的同时,将其记录下来,使自己的教学更有新意。

*(3)*从教与学的错误或败笔中汲取教训。

从教师的角度看,不论一堂课有多么精彩,多么成功,疏漏与缺憾在所难免,在教学中通过同科教师以及学生的评议、自身的总结中反思为何会出现这样的问题？是由于当时自己紧张所致,语言表达失误还是实验操作失误？是自己这方面知识欠缺或操作技能不过关？是由于自己在教学设计中本身出了问题,而自己当初并未曾意识到？是自己的教学理念滞后,未能很好地体现新课程改革的精神？还是教学方法、手段落后？从学生的学习方面看,更是对教学状况的很好折射,及时与学生对话、沟通、反馈学生的学习情况对于调整和改进教学十分必要。在课堂上,从学生茫然、无助的表情中反思自己教学方式上可能存在的问题,及时调控教学行为。从学生的化学作业或试卷上化学用语书写不规范或有误(如化学式错误、方程式缺反应条件、未配平、"↑、↓"符号丢失等),有的可能是根本不会,有的可能是一时疏忽,那么就有必要进一步追问:是什么导致了他的"失误"？是对这些要点的含义理解不深？还是这些同学对自己的思维过程、动作行为实时监控能力差,即元认知水平低？再如,一个计算题,有的同学解法简捷,过程简略,没有多余的文字或步骤,而有的冗余步骤多,表述啰嗦,至少从一个侧面说明其思维的深刻性和简捷性不够,或解题思路不是很清晰、顺畅。认真剖析学生出现这些问题的原因,不论从知识掌握方面或是思维方式的优化方面进行认真细致的反思,都是对自己教学工作的一种很好地促进。

(4)及时对教学行为进行记录与反思,对课堂教学进行重新设计

作为教师,每上完一堂课都应反问自己:今天的这节课上得如何？哪些较为成功,哪些方面处理得不好？成功的原因是什么,不成功又是由什么原因引起的。对自己教学行为及时写课后记、教学随笔,进行课后备课,通过对自己教学中的案例分析,为自己进一步重新设计教学活动提供了重要线索,从而做到扬长避短,精益求精,实现自我提高与自我超越。

(5)通过"说课"、"听课"、"评课"等日常教学活动,与别的教师相互沟通,相互交流,发现自己或别人在教学设计中的优缺点,取长补短。别人的缺点对自己也许有很重要的启发作用,它同样也是一种重要的教育资源。

2. 要掌握对反思型教师的素质要求

（1）要做一个不断学习、不断进取的学习型教师

只有为师者有很高的学习兴趣，具有不断提高自己的内在需求，对自己从事的工作有强烈的责任感和执著的追求，使自己的职业能力进一步提高，而且教师的学习行为也会给学生树立榜样作用。教师只能是终身学习者，只有终身学习才能更好地去教。学习是为了提高，反思同样是为了提高，从这个意义上说，不断学习，提高自己的教育教学水平是反思型教师的基本特征。教师的反思不仅是为了"完成"教学任务，而且总是千方百计地追求"更好地"完成教学任务。不断的反思和对自己教学过程中许多问题的"追问"，使教师的教学更趋理性，追求更高的教育教学效果。

（2）要有对"生命敏感"和对"问题敏感"的内在价值取向

教师按部就班的工作，很容易使教师对每天发生在自己身边的富有教育意义的事熟视无睹，以至麻木不仁。作为教师，始终要思考"学生为什么需要我?"只有热爱每一个学生，热爱每一个鲜活的生命，才能设法改进教学中的每一个细节，而这正是反思型教师最关注的。教师要有对问题敏感的思维习惯，要富有质疑精神，这样就可以及时发现问题，进而设法解决问题。

（3）做一个有思想的教师。

从实践层面上，教师要学会养成"反思"的习惯。事实上，富于反思是优秀教师成长的共性特征，而反思与实践的结合，对教师教学智慧的提升具有不可估量的作用。笛卡尔说："我思故我在。"我们要反思我们的语言，反思我们的行为，反思我们能够反思和应该反思的一切，在行动中反思，在案例中反思，从而不断地提升我们的教学行为。

一位外国学者 Wallace 说："教师的发展意味着变革，而卓有成效的变革没有反思是相当困难的"。反思只是手段，实质在于"发现问题"和"解决问题"，从而更加有效地促进学生的人格得以健全，个性潜能得以充分发展。反思是教师专业发展的基础，是否具有反思的意识、习惯和能力，是区别作为技术人员的经验型教师与作为研究者的专家型教师的主要指标之一。

反思，教师成长的必经历程

　　反思，《现代汉语词典》解释为："思考过去的事情，从中总结经验教训。"教师反思就是把自己作为研究对象，研究自己的教育理念和教育实践，反省自己的教育教学实践，反省自己的教育观、教育行为及教育效果，以便调整、改进和提升。教师反思的本质是一种理解与实践之间的对话，是这两者之间相互沟通的桥梁，又是理解自我与实现自我心灵上的沟通。值得指出的是，反思并非教师对教育教学工作进行一般意义的思考和回顾，而是根据反思对象的不同，采取相应的反思方法和策略，达到反思的目的。教师的反思能力是其专业发展和自我成长的核心要素，也是现代教师素质的重要组成部分。教师实现自我发展就必须提升自我反思能力，尤其是教学反思能力。

　　教学反思能力是指教师在职业活动中，把自我作为意识的对象，以及"在教学过程中，将教学活动本身作为意识的对象，不断地对自我及教学进行积极、主动的计划、检查、评价、反馈、控制和调节的能力"。教育教学工作具有科学性、艺术性、创造性和时代性的特点。在新课程理念下，教师在工作中更需要不断地反思，细心地审视和分析正在发生的一切教育教学现象、自己实施的教学方式、教学行为、教学方法是否符合新理念？是否有利于学生们个性的发展？是否有利于学生能力和素质的提高？所以，反思能力是教师持续发展所必备的素质之一。只有学会反思，一个人才能不断矫正错误，不断探索和走向新的境界。

　　我们先看一个案例：

我的眼里只有"谁"？
——勒家彦老师评课反思小记

　　做为老师，我已在讲台上学习、成长了三年有余，自认为已成熟了不少,可谓合格教师了。尤其是今年学校给了我不少讲课的机会,在此期间又有许多经验颇丰的老师和领导不断给我指点,最后还取得了一点成绩。所以我便有些飘飘然了,再谈起讲课来好像很轻松似的;觉得研究一课不外乎将教案烂记于心,则大功告成。可后来的一节课让我不由得深深反思。

勒家彦老师又来了!上学期他就来学校讲过一节公开课,当时我就被他精妙的课堂掌控技巧所折服。也许是初生牛犊的原因,我真正佩服的人并不多,可他——我服。所以当时就有一个想法:什么时候能让这位高人听我的课给我指点指点,那该多好!没想到事隔不到一年,这个愿望真实现了,学校把这次讲课任务交给了我。我怀着一百二十分的兴奋以及同样的紧张接受了任务。不过我心里还是有底的:因为我要讲的那节课在此前已磨炼过多回,而且在区里赛讲中取得了好成绩。有这碗酒垫底儿,我相对放心了许多,不过即便是这样,我还是将教案重新熟悉了好多遍。

带着烂记于心的教案,带着一颗渴望求教的心,带着百分之九十八的自信,我把这节"身经百战"的课展现在了全校老师面前,展现在了勒老师面前。

老师教学环节严紧,同学配合天衣无缝,教学高潮一浪胜过一浪。不知不觉,唉呀,我忘记控制学生交流、回答的时间了,校长已冲我举了两次手,可我教案中关键的两个环节还没完成。怎么办? 慌! 乱! ……坏了,我语无伦次忘词了!我红着脸看着大家,心中还是使劲儿地想我的教案。幸好大家善意地笑着,尴尬的局面很快过去了,最后我还是比较顺利地结束了我的课,那节历经磨炼的课,那节身经百战的课。

评课时勒老师大大地鼓励了我,也肯定了这节课的许多闪光点。可我自己的课自己清楚。这节课虽然严谨,虽然完整,但就是没有那种"自然"。即使是学生的灵光闪现,教学的环环相扣给人的感觉总是"人工制造"。我把困惑告诉了勒老师。他却只用了一句话就解开了我的困扰:"走上课堂,你的眼里只有谁? 是教案还是学生?"啊! 原来"学生心中绕"就是秘诀,而我却抱错了"佛腿"。教案应是精心的准备而不应是课堂的包袱。当然勒老师也不是让我们放任学生跟着学生跑,那样的课堂更不"自然"而是"野生"了。

我追求的"自然"应该是这样吧:打铃上课,老师和学生在课堂做好准备,然后就一起开始跑步,当学生跑得起劲儿时,老师就是拉拉队员,为他们喝彩,呐喊;当学生跃出跑道时,老师又是导路向标给他们指点,引导;当学生跑得动情时,老师成了疯子傻子因他们兴奋,激动!

我反思了。我是那样愚蠢得盲目自信。

我反思了。我是那样愚蠢得"目中无人"。

我明白了。我的孩子们,从此我的眼里只有你!

我明白了。勒老师,我会不懈努力,希望能像你说的:"长大后我就成了你!"

那么,怎样培养教学反思能力呢?

1. 要不断地学习教育教学理论

教师要永远保持学习的状态,要不断学习教育改革的理论。实践的困惑和迷茫反映出对理论理解的浅陋和偏离,只有将实践中反映出来的问题上升到理论层面加以剖析,才能探寻到根源,使主体的合理性水平得到提升和拓展。在多读优秀教师教学经验的基础上,反思自己,将读与思,读与教,读与研结合起来。要以新教育理念为出发点,以新课程的基本主张为参照点,注意形成反思的框架,实施对教育教学活动的评判、思考活动。

2. 要善于总结经验,向榜样学习

榜样的力量是无穷的。这些教育实践家的成功所包含的实践智慧中涵容了教师反思内容的所有方面,体现了教育事业之价值的广博和丰富。对于这些典型要仔细观察、细心体会、积极思考、用心揣摩、反复推敲、探其精微、寻其奥妙、找出自己的差距,然后博采众长,不断充实和提高自我。

3. 要有鲜明的问题意识,善于捕捉反思对象

有问题、有障碍才会有思考、有分析。教师在开展教育反思活动时,要注意形成自身的问题意识,要善于在稍纵即逝的现象中捕捉问题,在貌似没有问题的地方发现问题。就拿教学来说,如果教师有明确的问题

意识,就可能在教学的方方面面发现问题。在教学目标、教学内容、教学方法、教学程序、师生互动等方面。教师只有"跟自己过不去",不断给自己出难题、不断检查自己的工作、提出新的奋斗目标的人,才能不断超越自我、完善自我。

4. 要对教育教学行为进行持续不断的系统化思考

偶尔的反思并不困难,也是绝大多数教师能做到的,但持续不断的系统反思却不见得是每个人轻易都可以做到的。课程改革从理念到实践,从个体到全局,从教师到学生,从课堂到管理、到评价,都是全新的变革,都是脱胎换骨的改造。作为研究的反思,应该是持续的、不间断的、系统的,它摆脱了零散片断反思的状态,将反思涌入教育教学的全过程,从而在很大程度上保证了教育教学研究的针对性和有效性。

总之,教学反思是教学工作不可缺少的一个过程,是骨干教师成长中的重要历程,通过反思可以提高教师教学的自觉性和科学性;通过反思可以培养教师的观察能力,思维能力;通过反思可以使教师的思考由不成熟到成熟,由成熟到理性;通过反思可以便教师扬长避短,不断修正错误,不断创新。

教育探索从反思开始

作为教师,"教书育人"的过程同时也是一个探索的过程,它才是真正意义上的教育过程。因为探索本身意味着你有一种开放的心态,你有进取的意识,你是一个好学深思的人,是一个不断超越自我的人,而不是一个墨守成规、故步自封、得过且过的人。

许多的教育探索也并不是需要高、精、尖的仪器与设备,它只需要一颗忠诚、明敏的心,只需要我们对那些视而不见、习以为常的事物进行批判性的反思,只需要我们去发现那些司空见惯、熟视无睹的事物,只需要我们不断咀嚼、反复琢磨、再三玩味那些理所当然、天经地义的常规和说辞,只需要我们尝试着去改变那些貌似合理的,历来如此、大多如此的想法与做法,哪怕是一点点。特级教师、国家有突出贡献的专家、教育部"跨世纪园丁工程名师计划"推出的首位名师于永正在论及语文教学时讲了这样一个故事:

在六年级的一节作文课上,我给出了命题"我尊敬的一个人"。我没有让学生写我的意思,但一个学生写了我,不过题目改成了《于老师的笑》,他是这样写的:

"一天,于老师讲《渔夫和金鱼的故事》。看到'金鱼'二字,我脑子里立刻浮现出许许多多金鱼形象,红的、黄的、黑的、白的……于是不由自主地拿起笔在课本上画起来。一条、两条、三条……忽然,笔不听使唤了,画不动了。我抬头一看,原来是于老师把笔给摁住了。我用手捂住满是金鱼的课本,惊恐地望着老师。

我以为于老师会批评我,心提得更紧了。

谁知于老师却微笑着说:'你把课文好好读读,好好琢磨诗中写的这位老太太,为课文画幅插图,怎么样?'

多么令人感动的笑,多么令我难忘的笑!"

这只是于老师教学生活中的一个细节,也是一段独特的生命体验。故事启迪我们从另一个角度了解、探讨一下"微笑教育",多角度地去作理性反思。使学生感动的、难忘的只是于老师的微笑吗? 是不是应该说是由笑所隐含的或者所体现的一种理性、道德? 这种"微笑教学"是教师对学生真挚的关爱,对育人使命神圣的悦纳,对教学专业虔诚的敬重,也是教师人格德行无穷魅力的体现。教学中教师没有一颗忠诚、敏锐的心,就不会有这样的教育效果。

一个主动反思的教师不会错过课堂上每一个生成的教育机会、教育资源。请看一位教师教学《倔强的小红军》时的一个片断:

教师指名学生朗读"小鬼说服陈赓走"一段。这位学生读得绘声绘色,很有感情,只可惜漏读了一个字。教师并未立刻打断他,而是让其将本段读完。

师：你知道刚才少读了哪个字吗？

生：我将"一小包青稞面"读成了"一包青稞面"，少读了一个"小"字。

师：我们来讨论一下，有这个"小"字与没有这个"小"字，句子意思有什么不同呢？

生1：有了"小"字，说明青稞面的数量很少；没有"小"字，就不能表达这个意思了。

生2：没有"小"字，说明青稞面可能是满满一包，甚至可能是一大包。

师：那这个"小"字能不能丢呢？联系课文内容，说说为什么。

生1：不能丢。因为当时陈赓也是又饿又累，他不可能有更多的干粮。

生2：不能丢。陈赓把节约下来的一点点干粮让给小红军，说明他十分关心下级。

生3：不能丢。从"一小包青稞面"更能看出陈赓一心为小红军着想，把困难留给自己，精神很感人，他是对得起小红军的。

生4：不能丢。小红军在非常饥饿的情况下，连这一点干粮都不要，可以看出他宁可牺牲自己，也决不拖累别人。

这是一节观摩课的精彩片断。在精读理解阶段，学生漏读了一个"小"字，看似微不足道，但这个字与上下文联系十分密切。因此，这样的错读，也必须纠正。教者以此为教学资源，待学生读完本段后，抓住契机点拨，一方面激发了学生研读的兴趣，通过对"小"的品味，瞻前顾后，勾连思考，达到了对课文内容深化理解的佳境；另一方面，教师虽未批评那位读书丢字者，却在"小"字能不能丢的讨论中渗透了"读书应该细心地读正确"的教育，可谓"此时无声胜有声"。错误有时也是一种资源啊！

一个有事业心的教师，理当作为教育的探索者，其探索的最佳途径就是从自我反思开始。学校中的一切对于我们这些现代人，尤其是能够做教师的人来说，一点也不陌生，我们有许许多多的经历和体验，有许许多多的欢乐与痛苦，也有许许多多的渴望和企盼。正如一首歌所唱到的："每一个人都有一个完整的故事，每一个记忆都有未曾翻开的日历。"我们不妨想一想，在那些熟视无睹的、习以为常的、司空见惯的现象背后，是不是潜存着某些契机和可利用的资源，或者是潜伏的危险与可怕的毒化？这就需要我们通过反思，彰显那些被日常生活的琐碎和平庸遮蔽了的事情的本来面目。

在自我审视中发展

德谟克利特曾经说过："审视自己就像浩瀚的大漠审视变幻的苍穹，就像残破的古堡审视沉重的背影，就像垂暮的老者审视多舛的命运，就像壮美的江山审视变迁的历史。"这飘逸着古香的强烈而又中肯的话语，使人陷入深深的思索之中。这不由得想起一个名字——德谟克利特。

德谟克利特是古希腊著名的哲学家，晚年他把自己的两只眼睛弄瞎了。有人问他："你为什么要这样做呢？"哲学家平静地回答："为了看得更清楚！"哲学家的智慧同样来自于对自我的思考和总结，他得花更多的时间和更多的精力去审视自己、关注内心，做一个完全拥有自己内心的人。哲学家的这种观察称之为"观心"。在他看来，"观心"是根本就不需要眼睛的，一只眼睛也用不着。用不着的东西犹如奢侈的摆设，留之又有何用？哲学家最终毁掉了自己的双眼。

哲学家是睿智的，也是孤独的。我们不必赞同或仿效哲学家的做法，但是我们总应该每天花一点儿时间关注一下自己的心灵，清醒地审视自己。

小时候看过这样一则故事：

一只猫头鹰在搬家的途中遇到了斑鸠,斑鸠问它要搬到哪儿去,猫头鹰说:"我要搬到东方去。"斑鸠又问:"西方才是你的故乡,你为什么要搬到东方去呢?"猫头鹰回答说:"西方的人不喜欢我的歌声,尤其讨厌我夜间歌唱!"斑鸠劝道:"你的歌声的确很难听,大家自然不喜欢你。但是,如果你改变一下自己,改变一下你的歌声,或停止在夜间歌唱,大家就不讨厌你了,你就可以继续住在这里。否则的话,即使你搬到东方,东方的人也会讨厌你的。"

寓言中的猫头鹰需要反省一下自己。而现实生活中的人,的确也需要经常地审视自己。就如同我们需要照镜子一样,只有这样,才能及时发现自身存在的不足。

1. 审视自己需要反思

审视自己需要反思。教师自我发展,就要不断地对自己已具有的知识、能力、情感、态度等诸方面进行审视,也就是批判性反思,每次反思,都会有新的发现。然后,针对发现及时调整、补充、完善,才能得到更高层次的发展。重视"做中学",在工作中学习、实践,进行自我反思,进行合作探究,在创新中得到发展。

2. 审视自己需要关注细节

教学细节是指教学中的一个细小的片段。细节虽小,却不能小看,更不容忽视,值得教师钻研和突破。教师审视自己就要关注教学细节。若能有意识地、创造性地开发好每一个教学细节,那么,我们的课堂就不会枯燥无味,就能焕发出新的活力。否则,良好的教育教学契机,就会在教师的经意和不经意中流失。

有这样一个案例:

生1:1毫升等于多少克?

师:我举个例子,1小时等于多少米?

(学生笑)

生2:时间单位不能与长度单位相等。毫升是容积单位,克是质量单位,它们是不能相等的。

师:(对着生2)你说得真好。(对着生1)你理解了吗?

生1:茫然地点点头。

……

该例中生1真的理解了吗?教师在教学中好像处理得很机警、很幽默、很妥当,可是仔细回味一下,觉得似乎有些不足。教学要以学生的发展为本,学生有了问题才会去探索,只有经过主动探索才会有创造。当时该教师是以水作为认识1毫升的物质。1毫升的水实际上就是1克,虽然毫升与克是计量物质不同特性的计量单位,但是,不同的计量单位之间有着密切的联系,尤其是体积(容积)与质量更是存在着不可分割的联系。

如果教师在生1的问题上稍加修改,变为"1毫升的水等于多少克?"学生就一目了然了。对具体的物质而言,就有答案了。如:1毫升的油等于多少克? 1毫升的酒等于多少克? 1毫升的水银等于多少克? ……这样既让学生区别毫升与克是表示物质的不同的属性,又让学生明确了毫升与克的内在联系。根据学生的问题教师再设计一个这样的课外延伸:

让学生取100毫升的水,100毫升的油,或者100毫升的其他液体,分别称一称。它们的质量各是多少? 再算出1毫升的该种液体是多少克。学生自己动手操作,自然明白毫升与克是不同的计量单位,而且还明白不同的液体1毫升的质量是不同的。这就为今后的学习打下基础,同时也对学生的探究意识和创新能力的培养起促进作用。

因此,教学需要审视。审视需要关注细节,需要教师有一双善于发现的眼睛,抓住转瞬即逝的教学细节。这样,才能画龙点睛,点石成金,使细节成为教学的突破口,成为学生的兴奋点,从而创造精彩互动的课堂。

3. 审视自己需要超越

审视是一种积极的自我超越。如果在工作中出现失误或是遇到挫折,不认真地审视自己,不积极地从主观上查找原因,而是一味地寻找客观理由,怨领导支持不够,怪同事配合不好……这样,工作没有成就,自己就成了别人"无能"的"受害者",实际上这是对自己生命的不负责任,是对自己无知与浅薄的纵容,其结果,受到更大打击和伤害的只能是自己。而学会用合理的,甚至挑剔的眼光审视自己,在痛苦中,你会发现孤独的自己;在闲适中,你会发现空虚的自己;在奋进中,你会发现充实的自己;在安逸中,你会发现沦落的自己。只有不断地审视,不断地发现,才能不断地调整,不断地进步。

在总结经验中提升

教学反思的一个重要方面就是善于总结经验。

科学地总结经验是帮助我们认识教育规律、推动教育改革、提高教育效率的重要手段。因此,把教育经验总结作为教育科研活动的重要组成部分,从方法论的角度进行学习,对提高广大中小学教师总结水平是十分必要的。

一个完整的经验总结过程,应包括整理事实,解释事实和抽象事实的三个环节,它也代表着经验总结的三个层次。

首先,经验总结的整个过程中,整理事实是基础,也是后面解释事实、抽象事实的逻辑起点,没有事实或缺少事实也就无法进行经验总结。例如,对某位教师的教学经验进行总结,一般来说,要求通过问卷、调查、观察、资料整理等方法采集事实,希望这些事实内容丰富、形式多样,有反映成就的事实,有调动学生学习兴趣的事实,有图文并茂使用教学手段的事实。在列举事实方式上有图表、有教学实例实录,有教学图示和说明等。正是有了这些生动具体的经验事实,才使人们看了之后,会有一种实在感,而没有空洞议论和泛泛而谈的感觉。

其次,作为一项经验总结,光有事实还不行,如果我们不能很好地解释事实,说明这些事实的合理性,也就很难使人们能正确理解这些事实的价值,也就失去了经验总结的意义,当然就更谈不上能将自己创造性的实践在更大的社会范围内传播,被人们认可。通常我们有许多人往往满足"我只会做,不会写",表面看来主要的原因是在于不会整理事实,不会解释事实,实质上是没有挖掘教育实践活动的意义和作用。更深刻一点来看,如果只停留在"会做"的层次,那么,这种"做"就仅仅是一个下意识的习惯行为,还不是一种有意识的自觉行动。我们只要认真翻阅各地知名教师的总结,就能发现他们对自己的实践活动中的许多事实作了整理,而且进行了一定高度的合理分解。其经验已从"必然王国"跨向"自由王国",并熟练地在自觉认识的基础上反映于整个课堂教学进程中。

当然,作为一名教育实践工作者,要对自己的实践做出科学的解释并非易事,他们必须要有一定的理论修养,不仅需要任教学科的理论修养,而且还需要多学科的修养,尤其需要教育学、教育心理学方面的理论修养。

再次,经验总结如完成了整理事实、解释事实,那还只处于对已经过去的实践进行理性认识的阶段。如果将经验总结看成是一种研究,那么,还必须有一个抽象事实的阶段,即要把实践经验上升为理论,并提出规律性的认识来,使之对未来产生某种预测功能。从而对以后的实践产生普遍的指导作用。

作为高标准的经验总结应当从经验上升为理论。

请看下面这个案例:

李吉林老师在借鉴国外外语教学中运用情境的同时,吸取了我国古代诗词中关于意境说的思想,在小学语文教学中,运用反映论的原理,利用形象,创设生动具体的场景,从而引导学生从整体上理解和运用语言,取得了良好效果。她由此提出了自己情境教学法的理论。她认为,运用情境教学法促进儿童发展经历四个阶段:

第一,在阅读教学中,创设情境,把言和行结合起来,进行片段的语言训练;第二,通过"观察情境教作文"引导儿童观察时,在情境中体验,展开联想,习作时再现情境中构思,在进入情境中陈述,促使儿童情动而词发;第三,通过生活显示情境、实物演示情境、音乐渲染情境、图画再现情境、扮演体会情境、语言描述情境六种不同途径创设与教材有关的情境对儿童进行美感教育,促使儿童由感受美而入境→爱美而动情→理解美而晓理;第四,在前三阶段的基础上,运用形式上的新异性、内容上的实践性、方法上的启发性三原则的情境教学,进一步促使儿童的整体发展。

当然,李吉林老师提出的情境教学法,促成儿童发展的四个阶段,是她经验的高度概括,其本质是将实践升华为一种理论(假设)。告知人们按这四个阶段展开情境教学,将会产生预期的效果,这就是一种理论。

什么是好的经验总结?从李吉林老师的经验总结中,给了我们两点启示:(1)教育经验本身是好的;(2)经验总结的结果也比较好。

"教育经验本身是好的",是指教育实践的经验是成功的。这一类经验我们可以从三个方面来考察:(1)创造性,也就是人无我有,人有我长;(2)稳定的高效性,也就是这些经验在长期实践中被证明是有效的,而并非是偶然的东西;(3)符合社会需要和改革需要的经验,它代表着某种发展的趋势和方向,将推进教育实践的进步。比如,李吉林老师的经验是她长期教学实践和实验证明有效的做法,而且有自己独到的生动活泼的特色,体现了适应学生发展需要的小学语文教学的方向。这些都是符合"经验本身是好的"这一标准。

"经验总结的结果是比较好的",其中包含以下三点含义:(1)事实的确证性。也就是事实是经验总结的出发点,是总结的前提。我们必须在描述事实、整理事实中让人感到被总结的经验事实是可靠的,充分的。(2)解释事实、说明事实要符合逻辑,在陈述上不自相矛盾,是在人们认识的情理之中。(3)总结出的结果具有学习和指导实践的可能性。这主要是针对中小学教师的需要来说的,广大的中小学教师更希望经验的指导作用表现在具体过程的范例上,也就是步骤明确、操作过程清楚、方法明了。比如李吉林老师的经验总结中,关于调动学生积极性的做法、创设语言情境的做法、使课堂教学交际化的做法等都非常具体生动,无论是事实的确证性上,还是解释事实和指导实践方面都是成功的。

教育经验总结和其他的教育研究一样,也有一个过程,这一过程按其工作对象和特点分割,大致是选题与制订方案——搜集资料(采集事实)——资料整合——资料解释(撰写)。

1. 选题与制订方案

教育经验总结的选题与方案制订,其特殊性在于在确定课题之前已存在大量的经验事实,因此,课题的确定是建筑于总结者对经验事实的初步的、直觉的判断基础上,这一过程本质上反映"观察渗透理论"的过程。由于同样的经验事实对于不同的价值取向、不同认知背景的观察者可能产生不同的判断,这样确定经验总结的课题通常受总结主体的主观影响较多,这样确定总结课题时要格外小心。通常我们建议在确定总结课题时,反复咨询、反复推敲,其中穿插调查、访问、论证是必要的,以此保证经验总结真正的意义。

作为教育研究的经验总结,其方案设计千万不要理解为写作构思。因为,经验总结实质上是属于教育研究的实证研究类别。在总结经验的过程中,以采集、整理、分析实证材料为主要工作特征。因此,在经验总结的方案设计中,其中重要的部分是要保证采集到充分的、确证的和典型资料的工作步骤设计以及种类资料之间逻辑关系的框架构思,以保证经验事实与要揭示规律之间的因果关系和实证关系。

2. 搜集资料

一般来说,作为教育研究的方式之一的教育经验总结,很重要的立题前提是已经存在着大量的经验事实。因此,它有自己特殊的认识对象——教育经验事实。这种经验事实是教育工作者在实际教育活动中产生的,它以人们经验的形式(包括过程、环节、体会、文字、材料等)存在。它是教育实践工作者"加工"的结果,它的客观性是相对的,这为我们采集资料的确证性、准确性带来困难。

我们搜集资料时,一般将有两种类别的资料作为重点采集对象:①经验(包括实验)事实的资料,对于这类资料需考察是否准确、完备,是否真实地反映事物的内在特征;②实践者已从实践经验做出理性总结的具有人为加工的材料,对于这类资料要从方法论、认识论角度考察其合理性。上述资料搜集经常要辅以观察、调查、文献资料整理分析等方法。

例如研究课的案例、德育工作条例等都是属于事实材料,而学校校长、支部书记、中层干部和教师的个人体会等属于研究人员需要分析的实践者加工的资料。

3. 资料整合

和其他类别课题研究一样，高质量的教育经验总结需要一个资料整合的过程。所谓资料整合也就是对搜集的资料按一定的逻辑关系经过归类，编排成一定的系统。正如达尔文所说的"科学就是整理事实。以便从中得出普遍的、规律的结论"。也即经验总结人员通过反复熟悉原始资料，进行分析、比较、联系等思维活动，使自己掌握的资料按一定的逻辑结构表现出来，并以此作为规律判断的依据时，才可能使资料成为科学知识的组成部分。这种构成一定关系的资料，也反映总结者对经验事实的真实把握程度。

4. 资料解释

了解教育经验必然要加入研究者的演绎，可以这样说，任何教育经验的理解都是演绎的理解。也就是说，教育事实的陈述和价值判断，在教育研究里是逻辑的密切相关的，这样，我们对教育经验事实材料的搜集、整合过程，实际就包含着我们对经验事实的价值判断，并以此为准则对经验事实进行取舍，然后对经过取舍、整合后的经验事实（资料）要做出解释。也就是通常说的要揭示资料所可能具有的符合逻辑的规律。完成这一工作除了采用概括抽象等思维方式外，还与研究者的个人认识、价值系统有很强的相关性。这时，研究者要注意，尽管我们是依赖一定的价值系统去选取经验事实和解释教育理论的，但必须注意这些价值系统并非只是研究个人价值取向的，还应当是我们社会普遍接受的价值观念，这样，他所作的取舍或解释才具有普遍意义。

我们可能列举出很多以描述经验事实开始，通过分析和概括，得出规律性解释的例子。这些资料中有具体的事实案例，有实践人员的经验体会（经验事实），有研究人员的分析资料，彼此之间有着明显的层次性区别。它们之间的联系是总结人员思维加工的结果。

资料解释有助于人们理解和把握全部经验及其生成的过程。这对于教育实践工作者和教育研究人员都是重要的。对于前者，人们可以从生动具体的经验事实中领会其实践的动机、背景及过程，并以此为基础领会主题概括的普遍意义，从而进一步具体地指导教育实践。对于后者，可以从整个框架及其各部分资料之间、实践与理论之间的逻辑关系判断经验总结产生结论的科学性，从而在学术上对经验总结作出评价。

自我反省，自我进步

中国传统哲学一向强调自省的精神。孔子说："见贤思齐焉，见不贤而内自省也。"(《论语·里仁》)这句话的意思是说，看到别人的优点，就要设法使自己也具有同样的优点，看到别人的缺点，就要反思自己，看自己是否也存在类似的缺点。曾子说："吾日三省吾身。"(《论语·学而》)这也是要求我们经常反思自己，并从反思中获取前进的力量。

《荀子·大略》中记载了这样一个故事：

曾子吃鱼，当还剩下一些的时候，曾子说："把它煮了吧。"他的学生对他说："煮了容易变质，吃后会使人生病。不如腌了吧。"曾子听后，流下眼泪说："难道我是有意想伤害人吗？是我太缺乏这方面的知识了。"曾子是为他知道这种常识性知识太晚而感到悲伤啊。

作为老师，曾子的可贵之处在于敢正视自己的缺陷和不足，并对自己作及时的反省，使自我意识客观而全面。古人云："内省不疚，夫何忧何惧？"可见自省在个人修身中的重要性。每一位骨干教师，必须具备健康的自我意识和很强的自我调控力。

譬如，面对当前的教育困境，我们不要将教育一味归因在社会因素上，不要过于责怪越来越复杂的社会风气、社会环境。试问，社会的发展如果越来越单调，哪还叫发展？社会的丰富必然会带来负面影响，就如同工业的发展必然会有污染一样。社会在变化，学生作为一个生物体或社会体，也跟着在变化，这就要求每一位老师必须常总结、常反思，特别是常学习，找到自己的原因。

特级教师李镇西在回顾所带的"未来班"的历程时曾这样说：

未来班是我最珍爱的教育诗篇。在未来班具体的教育方式、手段和技巧上，无疑有许多创新，但其教育内容或者说贯穿其中的教育灵魂，却仅仅是力图继承恢复我国五六十年代的道德风尚。在未来班，我和我的学生也的确营造出了《青春万岁》中的那样一种纯真温馨的集体舆论和班级氛围，但是，我所培养的"郑波"们、"杨蔷云"们（注：郑波、杨蔷云均系《青春万岁》的主人公），从我这儿出去后，面对迥异于五六十年代风气的社会现实，肯定会产生"宁小燕"式的迷茫。这对我的教育来说，无疑是一种尴尬！

日益汹涌的改革大潮，呼唤着一种既深入学生心灵又真正面向未来的教育。一方面，面对日趋复杂的社会现象和紧张的生活节奏，学生的青春期心理疾病也渐渐增多，需要教育者深入每一个学生的心灵，而过去我们的教育除了"思想政治工作"，几乎没有真正的心理辅导和心理保健。同时，社会主义市场经济的发展，必然唤醒人们的主体意识，并期待着公民的独立人格，法制观念和民主精神的培养则应该成为我们教育的应有内容。另外，现代社会所需要的价值观念、效益观念、竞争观念、信息观念、人才观念、创新意识、平等意识、守信意识、自立意识、破釜沉舟的冒险精神、愈挫愈勇的进取精神、机动灵活的应变能力、明察秋毫的预见能力，以及人际关系处世艺术等等，这些都是我们传统德育所缺乏或比较薄弱的。

这种回顾不是普通的回忆，它有着明显的剖析反思和否定批判的性质。作为教师，只有意识到教学是无止境的，才会自觉反思自己的教学实践，不至于满足现状，不思进取。于漪老师在 1996 年 11 月给贵州偏远山区一位中学教研员的长篇复信的结尾写道：

我当了一辈子教师，教了一辈子语文，上了一辈子遗憾的课。我深深地体会到"永不满足"是必须遵循的信条。正如《浮士德》诗剧中主人公浮士德所说："要是有那么一刹那，对我说：停住吧，你是多么美好！那时也就敲响了我的丧钟。"浮士德上天入地求索，经历了爱情的悲剧、事业的悲剧，什么都是一场空，但是他没有灰心。最后，他在一块荒芜的海滩上建立起人间的乐园,心里一片光明,情不自禁脱口而出:"停住吧,你是多么美好!"这一刹那,浮士德倒地而死。满足意味着生命的结束。

　　近代教育史上西方教育家杜威率先强调了教学要有反思或反思性。美国心理学家波斯纳曾提出教师成长的公式:成长 = 经验 + 反思。反思的意义在于它能使教师立足于自我之外批判地考察自己的言行,进而不断改善和提高自身教学效能和专业素养。教师的创新精神,在很大程度上也来源于对自身和现实的反思,尤其来源于对自我的不断否定。否定的过程,就是创新的开始。可以说,勤于反思与大胆否定是教师专业成长的必由之路。

　　反思什么? 否定什么? 首先是教育观念。行动源自想法,要想有创新性行为,就得更新我们自己的思想。积极主动地了解新的信息,在批判性地吸取新思想的前提下重新审视自己教学活动中所依据的教育观念。

　　其次是教育教学行为或现象,譬如反思自己的教学策略:教学内容能否贴近学生经验,回归现实生活? 教学设计是否考虑了学生的接受能力,遵循了学生身心发展的规律? 内容呈现是否生动有趣,能否吸引学生的注意力? 教学过程是否重视学生的全员参与? 教学手段是否过于单一枯燥? 教学方式是否重视学生的自主、探究或合作? 又如反思自己的课堂驾驭效果、动态生成情况:是否有效地评价学生? 收集到学生的哪些反馈信息,又是否做了处理? 面对突如其来的意外,应变措施是否得当? 教育机制是否发挥了作用? 面对学生注意力起伏不定的状态,以及由此带来的课堂秩序问题,调控措施是否生效? 师生之间、生生之间交流时生成了哪些新问题? 做了何种处理? 等等。

　　实践证明,反思和否定是一个从发现教学问题到解决问题的过程,实质上是一个教师专业成长的过程。经过反思,使原始的经验不断地处于被审视、被修正、被强化、被否定等思维加工中,去粗取精,去伪存真,这样经验才会得到提炼升华,从而上升为一种指导实践的理论力量。

　　常见的反思方法有两种:

一是内省式反思,即对自己的教育思想和行为进行回顾、分析、研究、提炼,以改进自己的教学,促进自身成长。坚持写"自省日记"或"教学随笔",把反思这一单纯的内省活动外化,日积月累就可能产生从"自省"到"自律"的变化,而这正是其他教育方式所不具备的能量。

苏霍姆林斯基几十年如一日每天早晨5点钟就起来写《教育日记》的精神和做法,也深深影响了李镇西。从那以后直到现,在,李镇西也一直坚持写《教育日记》、《教育手记》和《教育随笔》。

二是讨论式反思,即群体面对面或通过其他方式交流。如教师聚集在一起,提出课堂上发生的问题,然后共同讨论解决的办法,最后得到的方案为所有教师所共享。又如加入以互联网为载体的网络日志——Blog,这让群体反思成为可能,成了很多教师反思的最爱。各种观点、思想经过交流、碰撞也将变得越来越先进,越来越有价值。

一生做好一件事

台湾著名漫画家蔡志忠先生有一个收藏佛像的爱好,他的这个爱好很有些与众不同。

他在决定收藏佛像之前,就立志做一个不同一般的收藏家。所以,他没有像一般人那样把木刻的、石雕的、泥塑的佛像一起收藏,而是选择了只收藏铜佛像,其他的一律放弃。表面看来,只收藏铜佛像,很难和什么佛像都收藏的人相比,和其他什么古董都收藏、琳琅满室的人比起来,好像更加单调、贫乏。但是,很快,事实证明了蔡先生选择的正确。他只花了一年的时间,就收藏了1000多尊铜佛,到现在已收藏了2011尊,特别是所收藏的中国宋元明清的佛像,已具世界一流水平了。

很多人收藏古董,花十几年、几十年,有的甚至花了一辈子的时间也没有搞出这么大的名堂。这就得益于蔡先生的"舍"。他敢于舍弃其他,才使他的金钱、心力发挥了最大的边际效益。如果他没有作这种舍与取的选择，而是见猎心喜，漫无目标地收藏，那么各种收藏一定都只是一些皮毛，他也难以成为世界级的收藏家。

一般人只学会了取，却没学会舍，于是便取得很有限，取得不多不精。那些表面看起来什么东西都抓在手里的人，由于他两手抓满了很多不见得那么需要的东西，因此在碰到他真正喜欢或需要的东西时，他不是茫然不觉而错失机会，就是心有余而力不足，根本就没有多余的手去掌握了。

联合利华前首席执行官佛罗里斯·梅尔杰斯说，在每个方面都杰出不是一个可行的目标——滴水能穿石，只因为它永远打击一点。

"教而优则仕"在教育界很普遍，美其名曰"内行领导内行"。几年前，某报就此现象展开讨论，结果肯定方占优势。虽然我知道，一个优秀的运动员不一定能成为优秀的教练；一个世界冠军做了教练，不一定能训练出世界冠军来。但教育是一个特殊的行业，内行领导内行的好处，我很清楚。但我还是想对骨干教师说，最好"教而优不仕"，这是因为中国人有着深刻的"教而优则仕"的做官情结，这种情结越深，对教育研究越有害。

两千年来，中国文人最重要的精神支柱是"书中自有黄金屋"，而所谓的"黄金屋"，不是经济社会的下海经商，而是做了官，黄金滚滚来。中国人历来看重的"衣锦还乡"大都指做了官风风光光还故里。只有做官才算真正的光宗耀祖，在这一畸形的心理文化下，"教而优则仕"显得极有市场。于是乎，教育研究异化为谋得一官半职的主要途径和重要方式。

"教而优则仕"源自《论语》中的"学而优则仕"，"学而优则仕"的"优"，一直被人误解为"好，杰出"之意，这句话的意思也被曲解为"学问好的人可以做官"，其实，这种解释一放到原文，我们就会感到错得可笑。原文"仕而优则学，学而优则仕"，以此来解释前半句，不就成了"做官的人做得好，就去学习"吗？"优"，其实指的是"有余力"，整句话是说"做官有余力就进行学习，学习有余力就去做官"。因此，真正意义的"教而优则仕"，是指教学上游刃有余、有余力的教师，再做点行政管理。

然而,教育是一门科学,又是一门艺术。一门科学,科学家一辈子的研究也不能穷其尽头——哪个科学家说他的科学研究做到顶了?一门艺术,艺术家一辈子的实践也不能穷其尽头——哪个艺术家说他的艺术已前无古人后无来者了?一个教师,穷其一生的精力,不大可能做到"有余力去做官"。就语文老师来说,研究了阅读教学,是否研究了作文教学;研究了作文教学,是否研究了识字教学;研究了识字教学,是否研究了写字教学;研究了写字教学,是否研究了课外阅读;研究了课外阅读,是否研究了练习教学;研究了练习教学,是否研究了试卷命题……可以说,以上每一项,都足以让一个语文老师为之付出大半生乃至一生的精力,要把以上各个方面都研究透,几乎可以下"不可能"的论断。

我们知道,学校虽小,却五脏俱全,教育牵动全社会,学校管理涉及社会的方方面面——安全要与警察打交道,卫生要与医院打交道,宣传要与报刊社打交道,建设要与建设部门打交道,资金周转要与银行打交道,军训要与部队打交道,看电影要与电影院打交道,办人民满意的教育要与老百姓打交道……在中国,教育管理是个繁琐得不能再繁琐的行当,对一个有志于教育研究的老师来讲,实在不值得为之耗费那么多的时间和精力。很多青年教师从事教育行政管理工作后,教育研究便止步不前,这固然有自身不钻研的原因,但教育行政管理挤占了大量的时间,也是个不容忽视的重要因素。

著名数学家陈省身曾说过,他"一生只会做一件事,就是数学",天下美妙的事情不多,数学就是这样美妙的事之一。陈省身的这句大实话,表明了他拒绝社会上各种诱惑,确定一生只做好数学这件事的信条,终生潜心于探索数学之美,使他拥有了完美的人生,最终在数学研究上取得了杰出的成就。"一生只做一件事",这句话对我们教师特别是年轻教师来说,应该是一个必要的提醒。

真实的遗憾比虚假的完美更动人

　　一个失落一小片的圆想找回完整的自己，到处寻找自己失去的碎片。由于它是不完整的，滚动得非常慢，从而领略了沿途美丽的风景；由于它有缺口，经常被卡住，从而在困难中学会了解决问题的方法……。终于有一天，它实现了自己的心愿。然而，作为一个完美无缺的圆，它滚动得太快了，错过了花开时节，忽略了虫子……，以致于失去了许多许多……。

　　与此类似的是，我们知道，维纳斯虽然失去了两条由大理石雕刻成的美丽臂膊，却出乎意料地获得了一种不可思议的抽象的艺术效果，向人们暗示着可能存在的无数双秀美的玉臂，维纳斯的这种特殊的美丽，启发着我们的教师在德育过程中应该扮演什么样的角色。

　　从教学的角度而言，真实是必不可少的，很多优秀的教师都能很坦率地以"真实的人"的形象出现在学生面前，在学生面前他首先把自己当作一个普通的人，走下讲台，把自己放在与学生同等的位置，设身处地地去处理每一个问题。反而赢得了学生的尊重，学生也因此爱听他们的教育。走到教师的内心深处，回看他们曾经跨越的沟沟坎坎，能得出一个结论：好教师都是真实的，透明的。心灵平等的道理耳熟能详，可对于教师来讲做到并不容易，很多时候教师还是习惯于站在高高的讲台上，令学生须仰视才见，确切地说，是习惯于自己罩着的那层神秘的面纱，在古圣先贤的陪伴下，做个虚幻的圣人，殊不知在虚幻的更迭中，将越走越远，最终游离于学生之外，这时的教师在学生的眼中已经不是血肉丰满的人，而蜕变成了一种职业。

　　老师放下自己的架子，从情理的角度去与学生沟通，和他们达成一致的意见,即使老师失去了那种高高在上的优越感,可他却可以收获做人的真实,体会到活生生的心灵的震撼。因为每个孩子都有他(她)闪光的一面,当你看到他们在自己的精心呵护下舒展枝叶拔节生长的时候,你会收获他们由衷的信赖。假如老师能够成为学生真正的朋友,那时的课堂,会变成学生的乐园,因为那不再是单纯的知识传授而是知识的交流,是老师站在较高的角度去把握学生生动的感知的结合,学生会因为老师对自己的尊重而对老师更加信服,这就是常说的"亲其师才能信其道"。

一位叫孙宝军的老师曾写过这样一篇文章:

课堂教学中应该追求真实,真实的课堂应该是学生和教师民主平等、互动交流、共同发展的课堂,是以学生为主体,教师为主导的课堂,是动态生成的课堂。不能为了活跃课堂气氛,而忽略了教学目标的达成;不能一味地追求课堂中的完美,而忽略了学生中存在的问题;不能用统一的标准来衡量所有学生,而忽略了学生间的个性差异;不能满堂的表扬,而不敢做出善意的提醒。华东师大课程研究中心吴刚平教授说过:"真实的教学情景是具体的、动态生成的和不确定的,需要在教学过程中才能呈现出来,不是为了观赏。"通过自己的实践和思考,我认为可以从以下几方面体现数学课堂的真实性:

一、从学生认知起点出发,设计真实的教学情境。

教育心理学家奥苏伯尔说过:"影响学生的唯一最重要的因素,就是学习者已经知道了什么。要探明这一点,并据此进行教学。"建构主义学习理论认为,学习总是与一定的社会文化背景即"情境"相联系的,在实际情境下或接近实际的情境下进行学习,有利于唤醒学生长期记忆中有关的知识、经验或表象,利用自己原有认知结构中的有关知识与经验去同化或顺应当前学习到的新知识。而同化与顺应的过程离不开学生原有认知结构中的知识、经验与表象,真实情境的创设则为提取长时记忆中的这些知识、经验与表象创造了有利条件。

因此,在教学之前,教师应了解学生已有的知识技能、思维水平、生活经验,选择与学生的发展水平相适应的学习素材,设计与当前学习主题相关的、尽可能真实的情境。

例如：在一年级的认识人民币的教学中，学生在学习"元、角、分"之前，大多数同学不仅对元、角、分有了一定的认识，有些还会使用和换算，许多同学或多或少都花钱买过东西。这节课如果还把教学的起点定在"认识元、角、分"，显然不符合学生实际。因此，可以把教学起点调整为"用元、角、分纸币、硬币换算"，设计和现实生活接近的换币、买卖的教学情境，以小组的形式进行，互相学习有关"元、角、分"的知识，用已有的知识解决实际问题，这样可使认知基础不同的学生都有提高，同时更能提高学生的学习兴趣。

二、动态生成式教学，充分展现学生的真实的学习过程。

著名教育家叶澜教授指出："要从生命的高度、用动态生成的观点看课堂教学。课堂教学应被看作是师生人生中一段重要的生命经历，是他们生命的、有意义的构成部分，要把个体精神生命发展的主动权还给学生。"我对叶澜教授的这段话的理解是，数学课堂是学生个体精神生命发展的天地，不是教师表演的舞台；数学课堂过程是教师和学生平等对话，动态生成的过程，不是机械的进行知识传授的过程；数学课堂教学中，教师是为学生的学习服务的，学生才是课堂中的主人。所以我认为，真实的数学课堂应该是师生之间、生生之间真实交往，互动交流、共同发展的课堂，是动态生成的课堂。

有这样一则教学"乘法分配律"的案例：

在教学完乘法分配律以后：

生1：老师，我有一个问题。我们刚才得出的乘法分配律是两个数的和乘一个数，那么三个数的和去乘一个数是不是符合这样的规律，即：$(a+b+c) \times d = a \times d + b \times d + c \times d$ 成立吗？

生2：两个数的差乘一个数是不是等于被减数乘这个数减去减数去乘这个数，即：$(a-b) \times c = a \times c - b \times c$，这样可以吗？

生3：如果是一个数减几个数的差去乘一个数符合这样的规律吗？比如：$(a-b-c) \times d = a \times d - b \times d - c \times d$ 成立吗？

（教师把学生的提出的猜想一一板书在黑板上。）

师：刚才的几位小朋友提出了一些猜想，它们到底能不能成立呢？

下面我们分组进行验证。

（学生分组进行举例验证,教师巡视并进行个别指导。验证后交流。）

生1:我们组举了很多例子,发现$(a+b+c)×d=a×d+b×d+c×d$是成立的。我们还发现,如果再多几个加数,这个规律也是成立的。

生2:我们组通过验证,发现$(a-b)×c=a×c-b×c$也是成立的。我们提出一个问题:这个规律是不是也叫"乘法分配律"?

师:(点头表示同意)这是乘法分配律$(a+b)×c=a×c+b×c$这个基本形式的变式。不过,这是你们小组验证的规律,可用你们组的名称来命名这个规律的名称大家说好不好?

从这一则案例中可以看出,这里学生的大胆猜测,是教师在备课中没有预料到的,但教师并没有机械地执行教案,而是将学生生成的问题又抛给了学生,让学生全身心地、满腔热情地投入到了验证猜想的探索活动中去,最终通过分组合作探究证明了自己的猜想。从而使学生对乘法分配律的认识得到了升华,探究的欲望等得到了满足,这里的教学是真实而生动的。

我在课堂上力求真实而生动地教学。我更愿意在学生面前表现最真实的我,我和他们一样有喜怒哀乐。运动会上,当孩子们拼搏时,我为孩子们疯狂地加油,与失败的学生一起掉眼泪,与成功的同学一起狂叫,甚至忘记纪律的存在,虽然没有了淑女的风范,却拥有与学生真心的拥抱。

学习中,我对着我的学生哭过。一次关键的考试,我班的柴晓丽成绩不理想,由于失误和近段学习的放松,考到20名之后,分层培训时她进入起点较低的组,这个组的教学内容要照顾到许多基础落后的同学,因此对她发展很不利,但为了给她一个教训,我决定让她尝尝苦果。通过一次一次的观察,我发现她并没有意识到这对自己是多么不负责任,不紧不慢地懒散学习,我气坏了,这是对学生发自内心的爱,说得更确切一点,是心疼。自习课后,我边批评她,边哭,说到"我心很疼"时,再也说不下去,哭着走出教室,而晓丽也泣不成声,以后的表现不用说,大家也知道。教师的眼泪是最好的教育,因为它真情流露,拨动学生的心弦。

我也曾暴跳如雷……正因为我的感情投入，才有学生做任何事的倾情投入，才让学生懂得什么叫热情。我有优点、缺点，我也会犯错误。总之，做一个学生心目中真实，有血有肉，真情的人，这是你亲近学生的法宝。

教师要坦率地以"真实的人"的形象出现在学生面前，那才能赢得学生的尊重。孙老师无论是在课堂内还是在课堂外，都是以这样的理念去与学生沟通，达到了意想不到的心灵的契合。

孙老师的课堂，是一个学生与教师民主平等，互动交流，真实的课堂：在教学前，充分了解学生已有的知识技能，思维水平和生活经验，选择了与学生的发展水平相适应的学习素材，设计真实的课堂情境，课堂中，一旦学生提出了大胆猜测，则让学生通过自由合作的探索活动证明了自己的猜测，使学生对乘法分配律的认识得到了升华，激发了学生的学习兴趣。

在课堂外，孙老师也是以他最真实的一面展现在学生面前，运动赛场上一起疯狂地呐喊助威，为失败的同学而泣，为成功的同学而喜；对于学生，他对学生打从心底的关切和恨铁不成钢的焦急，这些都毫不掩饰，这样一个对教育事业倾情投入，充满热情，真实的老师怎能不让学生亲近？

让我们记住著名特级教师张化万的话："真实的遗憾比虚假的完美更加动人，更加具有生命力。"

生气不如长志气

当你在学校中受到领导或同事的冷落时，你会不会愤愤不平？当你被领导、同事甚至社会上的其他人看不起时，你会不会恼羞成怒？

然而，生气、恼怒都是没有用的，因为就算生气，也不能改变什么。

我国古代著名教育家孔子,祖上本来是贵族,但到他这一代,已经家道中落。

有一次,鲁国贵族季孙氏举办了一次专门招待士一级贵族的宴会。根据当时宗法制度的规定,孔子有资格参加这个宴会。于是孔子也和别人一样去赴宴。谁知在大门口,却被季孙氏的家臣拦住了。

对方十分轻蔑地呵斥孔子:

"我们家宴请的是士,谁宴请你呀?"

这番话,对于刚刚踏入社会的孔子来说,无异于挨了响亮的一耳光。就像所有缺乏经验和自信的年轻人一样,孔子采取了一个十分无奈的举动:怔了一下,然后悻悻地往回走。

吃一顿饭是小事,但是,没吃成这顿饭,却显示了更多的内涵,那就是:你没有资格。

如果这件事发生在你身上,不知道你会有什么感觉呢?是感到无地自容?还是郁郁寡欢地独自生闷气?

孔子也和普通人一样感觉到了前所未有的羞辱,但与别人不一样的是,在经历了命运的打击和屈辱后,孔子选择了勇敢地承受。

他下决心走出一条自强之路,一方面,为生存而苦苦奋斗。另一方面,他勤奋学习。

在孔子那个时代,接受教育是贵族子弟的特权。但孔子下决心要自己掌握贵族子弟们在学校里所学的那些知识,而且要比他们学得更好。

通过学习,孔子最后成了中华文化的集大成者、中华民族最杰出的思想家、教育家之一。

俗话说:"不蒸馒头争口气"。当我们遇到挫折时,在生气郁闷之后,更应该学会长志气。别人越看我不行,我越要做出个样子给别人看。

在工作中,光是生气是没有用的,没有人会同情你、可怜你。

"人争一口气,佛争一炷香",只有当你自己把挫折化成动力时,才会取得进步。所以,要想成为一名优秀的骨干教师,请先学会长志气!

勇敢地成为我们自己

世上的许多人,当然包括许多为人师者,他们因害怕失败而灰心丧气,结果无法实现理想,成为不可救药的失败者。事实上,这些人与其说是害怕失败本身,不如说是害怕因失败遭受世人的批评。多数人因过于害怕世人的批评,特别是上司、同事、亲朋好友、传播媒体等的影响,无法过自己想要的人生,他们一辈子都在扮演别人希望的角色。

按照他人期望的模式生活,牺牲真正的自我,是天底下最愚蠢的事情。我们要记住:最后为我们一生"付账"的只能是自己。所以,何必太在意他人的看法,让他人来左右我们的人生呢?

这世间,任何事情本来就不复杂,却因人的存在而复杂,人活着本来不累,往往是自己给自己无端加了许多包袱。

活着,不是活在别人的目光里,也不是活在别人的评论中。活着,是为自己的精彩而活着,是为自己的蓝图而活着。为了我们自己的精彩,我们必须勇敢地成为我们自己。

要勇敢地成为自己,我们就不必特别在意别人的脸色。别人的脸色其实与我们无关,它大多数情况下是他们心境的反映,而不一定表示对我们的态度,即使是,那也不必过分在意,因为它未必正确、正当。

"别人的脸色",其实是无所谓"有",也无所谓"无"的。如果我们有心注意它就有,如果无心注意它就无。爱看别人脸色的人,必定是一个很自卑的人,总怕自己因为言行不当被人看不起,被人贬低或否定,也怕惹人不快,或伤害了对方,遭人拒绝或排斥。因为自己太脆弱,就觉得别人承受力差,进而再损伤自己。所以,建立起自信,才是不在乎别人脸色最可靠的保证。有自信的人,只把心思和精力用于自己该做的正确的事情上,用在自己所追求的目标和向往的乐趣中。他往往能与人为善,融洽相处,也就不怕出现矛盾,也就能够坦然面对非议了。这样的人,永

128

远是快乐者、成功者。

要勇敢地成为自己,我们就不可能让所有人都满意。每个人都会有他个人的感觉,都会根据自己的想法来看待世界。所以,不要试图让所有的人都对我们满意,否则我们永远也得不到快乐。

从前有一位画家,想画出一幅人人见了都喜欢的画。经过几个月的辛苦创作,他把画好的作品拿到市场上去,在画旁边放了一支笔,并附上一则说明:亲爱的朋友,如果你认为这幅画哪里有欠佳之笔,请赐教,并在画中标上记号。

晚上,画家取回画时,发现整个画面都涂满了记号——没有一笔一画不被指责。画家心中十分不快,对这次尝试深感失望。

画家决定换一种方法再去试试,于是他又摹了一张同样的画拿到市场上展出。可这一次,他要求每位观赏者将其最为欣赏的妙笔都标上记号。结果是,那些曾被指责的笔画,如今却都换上了赞美的标记。

最后,画家不无感慨地说:"我现在终于明白了,无论自己做什么,只要使一部分人满意就足够了。因为,在有些人看来是丑的东西,在另一些人的眼里则恰恰是美好的。"

作为教师,我们也常常遇见类似的事情。当某人做了一件善事,引起身边同事们的注意时,会听到各种截然不同的评论。张三说你做得好,大公无私;李四说你野心勃勃,一心想往上爬;上司赞你有爱心,值得表扬;下属则说你在做个人宣传……总之,各种各样的议论,有的如同飞絮,有的好似利箭,一一迎面扑来。怎么办呢? 最好的办法,就是抱着"有则改之,无则加勉"的态度。

别人说的,让人去说;别人做的,让人去做。舌头长在人家嘴里,想控制也控制不了。绝不要被别人的评论牵住自己,更不要因别人的言语而苦恼。记住,自己就是自己,自己才是自己的主人!

做自己的主人绝不限于做自己肉身的主人,而是指以下一个完整的过程:

一是认识自己,对自己的个性专长和优缺点要心知肚明,哪有做自己主人却不认识自己的?

二是自己选择,要问:"教师这个行当是我选择的吗?"如果是你自己选择的那可能无怨无悔,可如果当初是别人为你选择的,而且又干得不好,你就要考虑另外选择了,否则将遗憾终生痛苦终生。还要问,在学校里我现在的岗位是否适合我?是不是太低了?或太高了?太低太高都不好,那就要设法改变。目标太低了自身价值发挥不出,不设法改变就会一辈子有"怀才不遇"的感觉,直到入了坟茔也是一个冤魂。千万别等有什么伯乐来相中你,当自己的伯乐吧!你可以毛遂自荐,也可以竞聘,否则你只有抱怨自己缺乏做自己主人的勇气了。目标太高了做得神经紧张心跳加速,弄出一身毛病不值得,一些岗位是要有某方面天赋作条件的,缺了天赋做起来如同"上刑",有些学生厌学是缺乏读书的天赋,有些教师厌教是缺乏教书的天赋,教不好书不用自卑,天生我才必有用的,有时"入错行"比"嫁错郎"更难受。如果你是自己的主人就可以自己设法提出要求来调整岗位,而不是硬撑着用降低岗位的质量标准来混日子。

三是按自己的方式教书,本来就"教无定法"的,只要你守着教学的基本规范,剩下的空间都是你的,在完成教学目标任务的前提下,你可以这样教也可以那样教,教出你"自己"来,千万别等着别人指导你帮你设计,你就是你,你不做别人的影子,别人的评价是重要的,可不是最重要的。

四是自己评价自己,自己教得好不好自己要总结,只有善于总结才会去学习提高。也别等着领导来评价你,领导不是神仙,领导即使是神仙,要对学校里那么多人的业务水平作出绝对公正的评价也是不可能的。依赖于别人评价的人,一旦别人评价太高就容易受骗上当,不再进步了,一旦评价太低又会灰心丧气心存怨恨。永远没有真正恰如其分的评价的,因为别人对你的评价是相对的。为了便于评价,评价人总是拿出个别的几个特性来作横向比较,如果你自己评价,那么评价是全面的纵向的,只有纵向地和自己比,你才会进步,才会终身发展。

自己的主人就是从自我认识到自我选择到自我设计到自我评价的完整过程,做自己主人的人是昂着头自信地走路的人,是每一天都活在真实世界里心地纯真的人。

做有思想的教师

按理说,教师应该有思想是不言而喻的。但由于种种原因,有些教师不愿思考,久而久之也就没有了自己的思想。在他们看来,有党的教育方针,有上级领导的指示,哪还用得着我们的什么"思想"？恕我直言,这是一种很糊涂的认识。不错,无论是教育要"三个面向",还是培养"四有"新人,都是我们教育者应该遵循的指南。但上级的任何高屋建瓴的英明决策,都不能取代千千万万第一线的教师富有创造性的实践,而创造性实践的前提是创造性思考。只有个性才能造就个性,只有思想才能点燃思想。让没有思想的教师去培养富有创造性素质的一代新人,无异于缘木求鱼。对于一个正在走向伟大复兴的民族来说,这是很可怕的。

拒绝依赖别人,独立自主地思考,是对自己能力的一大考验,也是教师追求成功的第一步。依附于别人,事事听从他人的指导,这只能是傀儡者、失败者的表现,因为这等于把命运交给了别人。

人生中有许多种依赖,其中尤其以大脑思考的依赖最为严重,它从根本上否定了自己,人云亦云,仿佛大脑是长给别人看似的。要想走向成功,就必须抛弃这种大脑思维的依赖,坚持独立自主地思考。

一场多边国际贸易洽谈正在一艘游船上进行,突然发生了意外事故,游船开始下沉。船长命令大副紧急安排各国谈判代表穿上救生衣离船,可是大副的劝说均遭失败。船长只得亲自出马,他很快就让各国的商人弃船而去,大副对此惊诧不已。

船长解释说:"劝说其实很简单。我告诉英国人,跳水是有益健康的运动;告诉意大利人,不那样做是被禁止的;告诉德国人,那是命令;告诉法国人,那样做很时髦;告诉俄罗斯人,那是革命;告诉美国人,我已经给他上了保险;告诉中国人,你看大家都跳水了。"

这个笑话可能有些夸张,但人们喜欢盲从的特点在现代生活中却也不乏实例。

是的,我们习惯于依靠别人的大脑来思考并不是因为我们懒,而是因为我们不相信自己而太相信他人了,不自信与太相信发展到极端,就是盲从。久而久之,我们就会放弃自己大脑的思维功能,一切都服从别人的意志、顺应大众的潮流。

中国还有一句俗话叫:听人劝,得一半。意思是说我们要从善如流,听从别人的忠告,尤其是年轻人,更应该听从长者、尊者的忠告,这些话当然不能说是错的。

但是,我想说的是,别人的忠告我们可以海量接收,但绝不能全盘接受。许多人生活和事业上的失败,正在于太愿意听从别人的"忠告"。

伍德养了 100 只鹅。有一天,死了 20 只。于是,他跑到牧师那里,请教怎样牧鹅。那位牧师专注地听完伍德的叙述,问道:"你是什么时候放牧的?""上午。""哎呀! 纯粹是个不吉利的时辰! 要下午放牧!"

伍德感谢牧师的劝告,高兴地回了家。三天后,他跑到牧师那里。"牧师,又死了 20 只鹅。""你是在哪里放牧的?""小河的右岸。""哎呀,错了! 要在左岸放牧。"

过了三天,伍德再次来到犹太牧师那里。"牧师,昨天又死了 20 只鹅。""不会吧,我的孩子。你给它们吃了什么?""喂了苞谷,苞谷粒。"牧师坐着深思良久,开始发表见解:"你做错了,应该把苞谷磨碎喂给鹅吃。"

第三天,伍德有点不快、但又充满希望地敲开了牧师的房门。"唔,又碰到什么新问题啦,我的孩子?"牧师得意地问道。"昨晚又死了 20 只鹅。""没关系,只要充满信心,常到我这儿来。告诉我,你的鹅在哪里饮水?""当然是在那条小河里。""真是大错特错,错上加错! 不能让它们饮河水,要给它们喝井水,这样才有效。"

伍德再次敲开牧师的门进来时，牧师正埋头读着一部厚厚的古书。"向您问好，牧师。"伍德带着极大的尊敬说道。"上帝把你召到我这儿。看，甚至现在我都替你的鹅操心。""又死了20只鹅，牧师。现在已经没有鹅了。"牧师长时间地沉默不语。深思许久后，他叹息道："我还有几个忠告没对你说呢，多可惜啊！"

尽管我们不肯听信"忠告"有时会引来别人对自己的负面评价，但我们也不能太在意这些。尽管我们因为没有听从别人的忠告而犯了错误，但我们付出的代价也许很是值得。我们没有掉入盲从的陷阱，我们在逐渐培养自己独立自主思考的习惯，而这对我们的一生是相当重要的。

当然，有思想必然有个性，而有个性必然有争论。那该如何处理呢？听听特级教师李镇西的话吧。

参加工作几十年来，争议一直伴随着我。我曾经为此苦恼，而现在，我为此而自豪。因为在争议中，我听到了许多对我教育探索的中肯批评，使我的思考与实践逐步走向成熟和稳健。应该说，在围绕我的争议中，纯粹出于恶意的"中伤"几乎是没有的。人们之所以对我的一些做法和想法提出不同意见，有的是因为我本身的不足和失误，有的是因为对一个问题的看法本来就是见仁见智的，有的是因为希望我做得更好……有这么多我认识和不认识的朋友在关注着我，我能不自豪吗？我愿随时听取不同的声音，并及时修正自己的认识，改进自己的工作，但我不会因此而停止自己富有个性的思考与实践。

记住：我们每个人长脑袋是用来思索的，而不仅仅是用来戴帽子的。

做一个积极进取者

NBA 传奇人物迈克尔·乔丹曾经这么说过："从'不错'迈入'杰出'的境界,关键在于自己的心态。"我明白这位"篮球飞人"想表达的意思。你可以选择维持"勉强说得过去"的工作状态,也可以选择卓越的工作状态,这就取决于你内心有无进取心。

尽职尽责的教师仅仅是一个称职的教师,而绝不是一个优秀的教师。要想出类拔萃,必须要有进取心,不能安于平庸。

满足现状意味着退步。一个人如果从来不为更高的目标做准备的话,那么他永远都不会超越自己,永远只能停留在自己原来的水平上,甚至会倒退。

生活中最悲惨的事情莫过于看到这样的情形:一些雄心勃勃的年轻人满怀希望地开始他们的"教师旅程",却在半路上停了下来,满足于现有的工作状态,然后漫无目的地游荡着人生。由于缺乏足够的进取心,他们在工作中没有付出 100% 的努力,也就很难有任何更好、更具建设性的想法或行动,最终只能做一个拿着中等薪水的普通教员。如果他们的薪水本来就不多,当他们放弃了追求"更好"的愿望时,他们会干得更差。不安于现状、追求完美、精益求精的年轻人,才会成为工作中的赢家。

因此,不管你是否在教书,不管你有什么样的技能,也不管你目前的薪水多丰厚、职位多高,你仍然应该告诉自己:"要做进取者,我的位置应在更高处。"这里的"位置"是指对自己的工作表现的评价和定位,不仅限于职位或地位。

追寻更高位置,这种强烈的自我提升欲望促成了许多人的成功。竞走的胜利者并不是最快的起跑者;战争的胜利者也不是最强壮的人;但竞走和战争的最终胜利者大都是那些有强烈成功欲望的人。许多名师都指出，很多人的资质都比他们高，而那些人之所以没有在教育事业上取得辉煌的成就，就是因为他们缺乏足够的进取心。

杰出人物从不满足现有的位置。随着他们的进步，他们的标准会越定越高；随着他们眼界的开阔，他们的进取心会逐渐增长。

1999 年 7 月 26 日，一条震惊国内外的消息让我们认识了一位普通的数学教师。辽宁省岫岩满族自治县龙潭乡中学教师侯明辉阐述自己发现并命名的数学"三弦定理"及其应用价值的论文《一个值得重视的三弦定理》，获得世界学术贡献金奖。同时，这个生活在大山沟里的乡村中学教师，因为他的这一发现，而荣获世界文化名人成就奖。如今，侯明辉的"三弦定理"，已经成为人类的共同财富，被世界各国通用。

37 岁的侯明辉出身于教师家庭，他的理想是做一名数学教师。通过函授学习，他的愿望实现了。侯老师平时勤于思考，刻苦钻研数学知识。1991 年，侯老师运用高等几何知识，对第 20 届国际奥林匹克数学竞赛中的一道平面几何题，提出了一个简捷巧妙的新证法，并写出论文《一道国际数学竞赛题改进命题的又一种证法》，发表在《数学教师》杂志上。他运用反证法对 1994 年广州市数学奥林匹克学校招生考试的一道代数难题，提出了一个简洁明了的新证法，并写出论文《反证法》，被新华出版社收入《名师谈中学数学教与学》一书。

侯老师每天在备好课，讲好课的业余时间里，认真学习，刻苦钻研。1990 年 9 月 27 日晚上，侯明辉研究一道高难度的几何题平行四边形，直到夜里 11 点，躺下后，还是无法入睡，大脑仍然围绕着这道难题运转。突然，脑海中浮现出一个新图形：过平行四边形一个顶点的圆和平行四边形的邻边及其对角线相交。他隐隐感到在圆内有公共端点的三条弦及其夹角之间，好像存在着积和的等量关系。此时，侯明辉像发现新大陆一样，抑制不住内心的喜悦和激动！他高兴得发出了声音，把正在睡梦中的妻子惊醒了。他披上衣服，开始论证这个新问题，终于得到了预想的结果：圆中具有公共端点的三条弦及其夹角之间，存在着积和的等量关系。而这种关系，为他研究的这道难题，提供了一种十分简捷巧妙的证法。

经过反复实践，侯明辉确信这种关系是一个定理。运用这种关系，可以使一些疑难问题变难为易，化繁为简，而且应用十分广泛。1996 年 6 月，侯明辉的论文《一个值得重视的三弦定理》论文被收入《中华优秀科技论文选》。同年 9 月，他的名字和业绩，被载入中国科学出版社出版的《中国当代教育名人大典》。1997 年，侯明辉应新华出版社编辑部的邀请，参加了《名师谈中学数学教与学》一书的编写工作。他撰写的《反证法》、《轨迹》、《圆内接四边形的性质》3 篇论文，入选此书。1999 年 3 月，侯明辉被特邀加入中国国际名人协会，他的名字和业绩，被载入《中国当代数学家与数学英才大辞典》。

侯明辉无疑是一个进取者的典型。当然不仅是他，凡是事业有成的人皆是如此，他们会以毕生的精力去追求更高的位置，不断追求新的技能以及优势的开发。即使偶有突发事件，他们也不会改变自己的目标。

从很多方面来说，每个人的确本来就拥有他所要实现更高位置所需要的一切能力。既然如此，当你可以高出众人之时，为什么要甘于平庸？如果一年中有一天你能有所作为，为什么不多选择几天都大有作为呢？为什么我们一定要做得跟其他人一样？为什么我们不能超越平凡呢？

试着为自己设立更高的目标！在完成一天的工作之后，你可曾想过："我应该能够做得更出色一点，或者更勤奋一点儿？"你完成工作的质量是否比以前高？速度是否比以前快？你的工作习惯、态度、解决事情的方法与以前相比是否更好？能上升为骨干教师，你已经很满足，但为什么不把做教育家当作自己的奋斗目标？在平时的工作中，你完全可以考虑别人认为不明智的创举，尝试别人认为不保险的做法，梦想别人认为不现实的说法，期望别人认为不可能的升学率。

不断追求更高的自我定位！每一个与你交往的人：你的上司、同事或者学生、家长，都能感觉到从你身上散发出的意志的力量。这样，每一个人都会意识到你是一个不断进取的人，一个能给自己和他人带来更多希望和精神财富的人。人们将被你所吸引，乐于来到你的身边，你会从中发现更多的机会。

不断追求更高的自我定位，从根本上说，是为了自身不断的进步。

不断进取的过程更是重塑自我的过程。这好比跳高运动员，不断进取就是要把有待跃过的横杆升高一格或几格，力争做到更好——很可能，这"更好"并非巨大的超越，而仅仅是超出那么一英寸左右。但每当运动员们尝试跳得更高一点儿时，他们实际上就是要重新塑造自我。他们必须重新思考自我的含义。然后，他们要设定新的目标——不是基于过去的纪录，而是基于重新思考后对自我的全新认识。这个新的自我所处的位置更高，必将会有更杰出的工作表现。

当然，要想达到更高的位置，仅仅有强烈的进取心还是不够的，我们还必须不断增强工作所需的能力，并付出巨大的努力。

可能能力有限，但一定要全力以赴

在古老的印度，一直流传着这样一个美丽的故事：

在一片森林中住着很多小动物，所有的小动物一直都快乐地生活着。因为这片茂密的森林从来没有发生过什么大的变故，即使间或有几只猛兽经过，小动物们也懂得将自己妥善地藏匿起来，不至于成为猛兽口中的食物，所以这些小动物们大都能够在森林中怡然自得地生活。

可是，有一天，天空中突然划过一道巨大的闪电，击中了森林中最大的一棵树，顿时燃起熊熊大火。这场森林大火一发不可收拾，四处飞蹿的火舌立刻席卷了森林中无数树木的枝叶，同时也威胁到小动物们的生命安全。

惊慌的动物们拼命向森林的外边奔逃，希望能逃出这场大火造成的劫难。但它们却不知道，当闪电击中那棵大树、燃起大火的同时，在森林四周早已等候着无数贪婪的肉食猛兽。它们正张开大口，馋涎欲滴地等候这些小动物自己送上门来。

在这片森林的所有动物当中，只有一只小松鼠和其他的动物不同。

它不但没有选择逃难,反而奋不顾身地向着大火冲了过去,在森林中一个即将被烈火烤干的水塘中,将自己瘦小的身子完全沾湿,然后再冲进火场,拼命抖洒着身上黏附的水珠,希望能缓解那正在毁灭森林的火势。

这时,由神仙变成的一位老人,出现在小松鼠面前,问道:"孩子,你难道不知道,你这样的做法,对这场大火来说,是根本不管用的呀?"

这个时候,小松鼠那条蓬松而美丽的大尾巴,已经被炙热的树枝烙印出三条黑色的焦痕,但它仍然拼命地用身体沾水,试图灭火,百忙中对这位老人说道:"也许以我的力量不足以灭火,但我相信凭着我的努力,至少可以少让几只小动物丧生啊!而且,或许因为我的坚持,还有可能感动天神,让他降下大雨,灭了这场森林大火……"

说话间,只听得老者哈哈一声大笑,小松鼠立刻感到周围忽然变得清凉无比,大火在一瞬间消失无踪了;接着,由老者变成的神仙伸出手来,在小松鼠烧伤的尾巴上轻抚了一下,焦痕顿时变成了三道奇幻瑰丽的花纹。

这就是印度三纹松鼠神奇而美丽的由来。

这个故事与中国古代精卫鸟"口衔微木,以填沧海"的传说有异曲同工之妙,都显示了一种精神力量:我们可能能力有限,但我们一定要全力以赴;我们不能要求事事顺利,但我们可以做到事事尽心。

是的,无论做任何应该做的事情,我们都应该全力以赴。如果我们藏着心眼,不肯使出全力,那么上帝一定会让我们的成就大打折扣。

生活里,再也没有比知道自己全力以赴有所成就更能让我们感到满足的事了,教书让我们每天都拥有这样的机会。世界上没有完美的老师,任何一位老师都会犯错误。但是只有每天都尽心尽力的老师才能够真正感动别人。只要兢兢业业,就算是最困难的日子,对我们来说也是成功的。事实上,最困难的日子往往也是回报最大的日子——这是最考验我们的时期。你难免会有感觉不舒服的时候,情绪上也好,身体上也好,但是只要来上课就必须发挥出最好的状态。也有的时候,学生会试探你的耐心,因为他们没有听懂你讲授的内容。那么,请你尝试一种新的讲解方法,而不是轻易就失望灰心。不要放弃,也不要服输,拼尽你的全力吧!

只有我们做到更好,学生们才有可能做到更好,只要全力以赴,我们的生活,别人的生活,都会出现意想不到的奇迹。因此,尽力去做一名最好的老师。总有一天,因为你的影响,那些年轻的心和年轻的生命,会发生永久的改变,你也将因此而得到巨大的回报。

努力做好每一天的工作

希望尽早获得成功、成为名师乃至教育家,恐怕是我们每一个骨干教师共同的想法,这一点实在无可厚非。不过,世事很少一蹴而就,谁都别指望一口能吃成一个胖子,罗马城也不是一天可以建成的。罗马城要一砖一石来建,成功路要一步一步来走。要想实现人生的梦想,我们必须脚踏实地,努力做好每一天的工作。

这一方面,许多伟大的人物都给我们做出了榜样。

米开朗琪罗是一个嗜工作如命的人,他每天都在努力地工作。他60岁的时候身体已经不是那么强壮结实了,但他仍然每天在大理石上飞快地舞动着雕刻刀,他在一刻钟内完成的工作量比三个强壮的小伙子一个小时完成的工作量都大。工作已经是他的乐趣所在。也许正是米开朗琪罗每天这样地辛勤工作,才使其成为一代艺术大师。

英国画家米勒斯在画画的时候心无旁骛,仿佛置身于世界之外。他说:"我对所有年轻人的忠告是:去工作! 他们不可能都是天才,但是他们都能够工作。不工作的话,即使是天赋极高、绝顶聪明的人,也不会做出什么有益的事情。"

宗教改革家马丁·路德的座右铭是:"每天都要完成一些工作。"

"爱迪生14岁时我就认识他,"爱迪生一个亲密的朋友说,"就我所知,他从来没有一天是在无所事事中度过的。"

努力做好每一天的工作，不仅是所有取得伟大成就的艺术家、科学家的座右铭，也是我们每一个追求成功的教师所应遵循的准则。如果我们觉得自己是个天才，如果我们觉得一切都会顺理成章地得到，那可真是太天真、太不幸了。我们应该尽快放弃这种错觉，一定要意识到只有每一天的勤勉工作才会使我们获得自己希望得到的东西。在有助于成功的所有因素中，努力做好每一天的工作总是最有效的。

要努力做好每一天的工作，首要的任务是要用好上班时间。上班时间并非仅仅是指上课时间，更重要的是上课之外的时间。

众所周知，学校的中心工作是教学，教学的主阵地在课堂。就学校来说，每天各个学科大量的教学任务是在课堂上完成的，把课堂这块"主阵地"看好，教学质量也就有保证了。那么，就教师个体来说，是不是把课堂时间用好，其他工作时间就显得次要了呢？一个教师一天不过三四节课，两个半小时左右，一天工作时间以八个小时计算，如果课堂两个半小时是"主阵地"，那么另外五个小时似乎就成了"次阵地"—— 一天中的大部分工作时间是次阵地，这多少有点说不过去。

课堂是一种展现，是教师课堂之外的智慧劳动的一种必要的展现，这种展现是水到渠成的。要是没有课堂外的那五个小时打底，课堂展现必将是不能令人满意的，"主阵地"也绝不会有"主"的意味。对教师而言，更重要、更具基础性的阵地，应当是那课堂外的五个小时。把这五个小时当主阵地的教师，才是真正有发展前途的教师，才是一年一个样、三年大变样的教师。

每次看名师们在课堂的舞台上展示其精彩的教学设计和精湛的教学艺术，我们应该知道，他们在课前已经做了大量研究工作，这个工作是课堂时间的几倍几十倍乃至上百倍。窦桂梅老师上史铁生的《秋天的怀念》一课，她几乎把史铁生的所有著作以及有关史铁生的文字资料都读遍了，这就是课堂外的智慧劳动，有了这样的劳动，课堂必然超越平凡。

一个注重自身发展的老师，一定不会让这宝贵的"五个小时"在不经意中流失，除去必要的批改作业的时间（从这个意义上讲，教师布置的作业也要"以质取胜",而非"以量取胜",量越多,自己被消耗的时间也就越多)和辅导后进生的时间,我们要好好利用这段时间,静下心来读书。教学《三借芭蕉扇》《美猴王出世》,你一定要读一读《西游记》;教学《葫芦僧判断葫芦案》《宝玉挨打》,你一定要读一读《红楼梦》;教学《草船借箭》《杨修之死》,你一定要读一读《三国演义》;教学《林冲棒打洪教头》《鲁提辖拳打镇关西》,你一定要读一读《水浒传》。即使你以前读过,这一次,你将以一个教师的眼光去读。读过之后,再给学生上课,即使没有出彩的教学设计,没有精湛的教学艺术,只要你把自己的所读所感与学生们交流,告诉他们课文之外的广阔而美好的阅读世界,你就是一个称职的老师。

我之所以请教师们关注那五个小时,是我看到很多青年教师只重视课堂,有片面追求所谓的课堂教学"艺术"的倾向。外出学习观摩课堂,想的是如何去截取其中的一招半式,想的是今后怎样也能照此去上一堂比较出彩的课,使自己一课成名。我们要清醒地认识公开课和平常课之间的关系,公开课好比谈恋爱,平常课好比是结婚过日子,谈恋爱可以轰轰烈烈,但不一定能开花结果;结婚过日子要的是踏踏实实,平平淡淡才是真。

我们做一辈子老师,和学生相处那么长的时间,要的是居家过日子的本领,要的是平淡中见真情的教育心态,要的是把每一小时过好,每一分钟过好。

一个老师对学生的"人"的影响,处于每一个角落、每一个时间里。试想,学生在那五个小时里,从未看到过他们的老师那种投入地享受阅读乐趣的神情,你说他的学生会投入地享受读书的快乐吗? 即使有,那也绝不是老师的功劳。试想,学生在那五个小时里,看到听到的,是老师谈电视剧,谈化妆、服饰和股票……学生又会作何感想呢?

所以,努力做好每一天的工作,不仅要求我们每一天都要努力地工作、辛勤地付出,更要求我们要有一颗责任心,不能敷衍了事,做一天和尚撞一天钟。

有位老木匠准备退休,他告诉老板,说要离开建筑行业,回家与妻子儿女享受天伦之乐。

老板舍不得他的好工人走,问他是否能帮忙再建一座房子,老木匠说可以。但是大家后来都看得出来,他的心已不在工作上,他用的是软料,出的是粗活。房子建好的时候,老板把大门的钥匙递给他。

"这是你的房子,"老板说,"我送给你的礼物。"

木匠震惊得目瞪口呆,羞愧得无地自容。

如果木匠早知道是在给自己建房子,他怎么会这样呢?现在他得住在一幢粗制滥造的房子里了!

我们中的一些教师又何尝不是这样。我们漫不经心地"建造"自己的生活,不是积极行动,而是消极应付,凡事不肯精益求精,在工作中也不想作出最大努力。等我们惊觉自己的处境,早已深困在自己建造的"房子"里了。

努力做好每一天的工作,意味着我们绝对要有一颗认真负责的心,要有一种善始善终的态度,来面对眼前每一天的工作。只要如此坚持地去做,我们一定会取得巨大的成功。

第三章

把职业当事业追求卓越

把职业当事业

有一位实习教师曾讲过这样一件事：

我在学校的实习生活平平淡淡，就在这平淡中我不时会看到令自己内心隐隐作痛的情景：每天，办公室里的老师几乎都会收到孩子们亲手制作的小礼物，如画、剪纸、自制小风车、卡片等等，看到这些小礼物，老师们脸上都洋溢出孩子般的笑容。可奇怪的是，我都教他们三个星期了，却从来没有收到他们的只言片语。我开始反思、反思、再反思，反反复复地检讨自己，我自己上课从不骂人、不惩罚人，也不给他们布置任何作业，按理说他们应该更喜欢我这样的老师才对呀？问题到底出在哪里呢？我想不出原因。

有一次上课，我照常死气沉沉地完成了教学任务。这时，班里一位有着一双水汪汪大眼睛的可爱的小女孩站起来问我："老师，为什么你每次上完课就走？为什么你不和我们一起玩，也不和我们交流？为什么你不给我们布置作业，上课同学讲话玩小东西你也不提醒他们？"

我想任何一位有上进心的教师在遇到类似这位实习学生的尴尬时，都会感到很难堪和失望。

学生送给老师自己亲手制作的小礼物，表达的是学生对老师的爱，以及对老师劳动的认可和尊重。因为自己的劳动被尊重，自己的付出被理解、有收获（请注意，在这里收获的是学生自己亲手做的小礼物，如卡片等），教师感到被尊重并获得了成就感，所以教师脸上洋溢着"孩子般"的笑容。在这种师生关系中，教师"累并快乐着"，会越活越年轻。

在这样一群天真无邪的孩子面前，不被接纳和喜欢是痛苦的。教师认识到这种痛苦，并想办法消除这种痛苦是一种积极向上的努力。这种努力不仅有利于改善学生的学校生活和课堂生活，而且有利于改变教师自身的身心状况,使教师生活更加富有乐趣和吸引力。

同学们为什么不愿意和这位实习学生亲近呢?答案在小女孩的问题中:"为什么你每次上完课就走?为什么你不和我们一起玩,也不和我们交流?为什么你不给我们布置作业,上课同学讲话玩小东西你也不提醒他们?"——你只是在完成任务,我们没有看到你真心关心我们,我们就不会喜欢你。

孩子们需要什么?需要教师有更多的时间和他们接触和交流,需要教师和他们交朋友,需要教师给他们爱,需要教师付出责任心……

而能否做到这些,主要取决于教师如何看待教育工作:是作为事业还是职业,是爱岗敬业还是应付了事。

爱因斯坦曾说过:"对待科学事业有三种人,第一类人是把科学当成娱乐,为满足自己智力上的优越感和成功欲的人;第二类人是把科学当作手段,为满足自己的名利欲的人;第三类人是把科学当作生命,试图用自己的努力解释和改造世界而无私奉献的人。"教育专家杨启亮教授在一次学术报告会上说,教师的职业境界有四个层次,一是把教育看成是社会对教师角色的规范、要求;二是把教育看作是出于职业责任的活动;三是把教育看作是出于职业良心的活动;四是把教育活动当作幸福体验。他认为,前两个层次是一种"他律"取向,后两个是"自律"取向,他建议教师要追求从"他律"到"自律"的转变,把教育当作幸福的活动,这是当教师的最高境界。

我认为,就个人的追求和目标而言,不同的教师有以下四种不同的表现:

第一种就是打发日子。这种人衣食无忧,当教师就是为了获得一种打发日子、消磨时光的方式,他们明显的外在表现是对什么都无所谓,都不认真。

第二种是为了养活自己。这种人把自己的劳动作为一种商品,通过自己的劳动获得自身生活的必需品并养家糊口。在工作中,他们带着明显的功利色彩,比较注重现实利益,遵循的是市场规则和交易原则。

第三种是通过工作证实自己。人的主体性需要外化才能获得实证,从而体现个人的价值。工作是人的主体性外化的一种方式,通过工作,通过成功地对学生提供帮助，教师可以获得"我很行，我活得很有价值，很有意义"的体验。在帮助学生时，教师收获了尊重和情感，获得了愉快的体验。这种证实自己价值的愉悦感促使教师以更强的"蜡烛"精神、"春蚕"精神去促进学生的成长。在这一类教师身上，他们表现出了一种强烈的奉献精神。

第四种是不仅通过工作证实自己，而且通过工作实现自我发展。在外化证实自己的同时，他们还在追求"内化"——通过不断变化实现自我发展。在努力为学生提供帮助时，他们也致力于在工作中获得个人的成长和进步，体会和感受自我成长的快乐。这种教师对职业生活的体验不再是"春蚕到死丝方尽，蜡炬成灰泪始干"的辛酸和无奈，而是"我越来越行，我不断追求提升自己的价值，我不断发现生活的意义，不断获得对生活的新理解，不断获得对教育的新认识和新体验""我成长、我快乐"的愉悦和幸福。因为自我在不断地成长与发展，主体性实践能力在不断增强，所以教育教学更加得心应手，"内化"与"外化"良性互动。

第四种类型应该是教师们共同追求的境界。

《现代汉语词典》对职业的解释是："个人在社会中所从事的作为主要生活来源的工作。"如果把教书育人仅仅作为职业，就意味着把它当成了谋生的手段。这种人可以循规蹈矩，可以在各种压力面前努力工作并不断改进，并且为了自己更好地生存，也会对学生付出自己的关心和帮助；但这种付出缺乏激情和主动自觉性，缺乏对学生基于人文关怀的深沉而博大的爱。学生是敏感的，他们的回报也是对等的。当教师把教育活动仅仅当成职业对待，把教学当成自己谋生的工具时，学生也只把教师当成实现自己获取知识的工具，他们对教师可能只有某种表面意义上的礼貌。

把教育作为事业，需要把教育活动作为自身生命活动的有机组成部分，把教书育人作为丰富自己、实现自己、发展自己的一种生存方式，从而投入激情、梦想和创造，让教育焕发生命活力，使学生得到生命质量的提升。在创设富有活力的教学活动过程中，教师会因为实现了学生生命质量的提升而使自己的生命更加精彩。

让我们读一读下面这个故事：

一个年轻人想要获得成功。他听说有一位智者知道成功的秘密,于是就去找他。经过漫长而艰苦的长途跋涉,年轻人最后终于找到了智者。

"大师,我请求您教给我成功的秘诀。"年轻人对智者说。

"你想获得成功就跟我来吧。"智者回答。

智者来到了海边,年轻人跟了上来。智者向前走,一直走进大海。当他的大半部分身体已经被海水淹没时,他仍然向着大海深处前进。年轻人依然跟着他。

突然,智者转过身来,将年轻人的头按进了水中,年轻人拼命挣扎。

一会儿,智者放开了年轻人。年轻人跳出水面大口地喘着气。

"蠢货,你想淹死我吗?"年轻人愤怒地朝智者喊叫着。

"如果你渴求获得成功的愿望就像渴望呼吸空气这样,你就已经找到了成功的秘诀。"

读完故事可以想一想:我们是否像渴望呼吸空气一样渴望把工作做得更好?

我们应该时常问自己这个问题:"我们为什么要工作? 工作是为了什么?"我觉得,很多人只感受到"工作是为了生活",还没有获得"工作就是生活"的体验。仅仅停留在"工作是为了生活"的认识层面,我们很容易把工作看成是异化自己、奴役自己的一种力量,难以充满激情和渴望地面对工作、投入工作,这样就很难从工作中获得幸福和快乐。其实,工作是每一个人生命的有机组成部分,工作本身就是生活——工作时间是我们一生中创造力最强、人生价值最应该得到突出体现的最宝贵的一段时间。我们在课堂上站了45分钟,意味着我们有限的生命过去了45分钟。因此,追求有质量的生命,希望一生幸福,就应该争取每一段生命历程都有意义和幸福。从这种意义上说,追求工作的幸福本身是为了实现生活的幸福,工作首先是为了自己,对得起工作就是为了对得起自己。

所以,工作着,就要把职业当事业。

超越平庸,追求卓越

很久很久以前,一个大地主把他的所有财产托付给三个仆人去保管和运用。一个给了他五千两银子,另一个给了他两千两银子,第三个给了他一千两银子,然后自己就去了外国。那个领了五千两银子的人随即拿钱去做买卖,另外赚了五千。领了两千两银子的也照样另外赚了两千。但那个领一千两银子的却掘开地,把主人的银子埋了起来。

一年过去了,第一个仆人的财富增加了一倍,地主十分高兴;第二个仆人的财富也加倍了,地主同样感到很欣慰。接着他问第三个仆人:"你的钱是怎么用的?"

这个仆人解释说:"我惟恐使用不当,所以小心地埋藏了起来。你看,它们在这里。我把它们原封不动地还给你。"

地主大怒:"你这个又恶又懒的仆人,竟敢不使用我给你的礼物!"

于是主人夺过他的一千两银子,交给那两个各领了两千和五千两银子的仆人。把无用的仆人丢在黑暗里,让他在那里哀哭切齿。

这个可怜的仆人认为自己没有丢失主人给他的一个钱,主人就会赞赏他。因为在他看来,尽管没有让钱增值,但也没有让钱丢失,这样就算完成了任务。然而他的主人却并不这样认为,他希望他的仆人优秀一些,而不是顺其自然。他希望他们超越平庸,追求卓越。其中有两个仆人做到了——他们让钱增值了,而那个愚蠢的仆人得过且过,没有任何作为。

是的,超越平庸,追求卓越!

这是一句值得我们每个教师、每个人追求一生的格言。

平庸是什么?是碌碌无为,是得过且过,是不求上进,是将美好的生命浪费在繁琐的小事上。超越平庸,就是指不能随波逐流,要全力以赴去做有意义的事,而且能够比别人做得更好。追求卓越,就是指尽一切能力,在现有的条件下创造出一种最完美的境界。当然它不一定是指"前无古人,后无来者"。

我曾经读过一首诗歌,名字叫做《石崖》:

一座钟鼎形熔岩
一身铁黑的肌腱
被细草一针一针
缝在星空的旁边
啊,岁月
啊,岁月的菌斑

这是一位诗人少年时游览人目山时写下来的。当时,他看到山路边兀立着一块巨石,顶大立地,气势磅礴,身上却锈满菌斑,浑身写满岁月的沧桑。于是颇多感慨,心想:这块本是女娲补天的石头,却因为身边小草丛生——被世间的琐事所纠缠,壮志已消磨殆尽,到头来空有一身铁黑的肌腱,也只能看着自己的同伴在天上璀璨地闪耀。

我们身边不是有很多教师也是这样吗?本来是一块栋梁之材,却养成了马虎的习惯,对工作敷衍了事;每天忙于杂事,结果导致绩效平平、胸无大志。自认为地位卑微,别人所有的成就,都不属于自己,都是自己不配拥有的;自认为不能和那些优秀教师、名师相提并论,觉得别人是做大事的,自己却永远只能做个小教员,成功的机会总是渺茫的。

这种自卑、自贱的观念,往往成为不求上进、自甘堕落的主要原因。有了这种卑贱的心理后,当然就不会有精益求精的态度了。许多年轻教师,本来可以做大事,成大器,但实际上却过着平庸的生活,原因就是他们妄自菲薄,自暴自弃,没有远大的理想,不具备坚定的进取心,不愿意追求卓越。

在学校里,也有很多教师认为自己已经做得足够好了。真的是这样吗?你真的已经做得尽善尽美了吗?你真的已经发挥出了自己最大的潜能吗?

加拿大一位病态心理学家汉斯·塞耶尔在《梦中的发现》一书里,

做出了一个极其惊人也极其迷人的估计：人的大脑所能包容智力的能量，犹如原子核的物理能量一样巨大。从理论上说，人的创造潜力是无限的，是不可穷尽的。被尊为"控制论之父"的维纳也完全有把握地认为：每一个人，即使他已经创造了辉煌的业绩，但他所利用的大脑潜能，还不到自己潜能的百分之一。他还认为：人的大脑原则上能储存大量的信息，每一个人的大脑，能记忆世界上最大的图书馆所储存的全部信息。

所以说，人的才能远远超乎我们的想像，实现成功的惟一方法，就是在做每一件事的时候，都应抱着一定要做成的决心，抱着追求尽善尽美的态度，充分开发我们的潜能。多数人的失败不是因为他们无能，而是因为他的心志不专一。无论做什么事，如果只做到"尚可"就满足了，或者做到半途便停止了，那么他绝对不会取得很大的成功。同理，很多教师之所以是普通教师，一辈子浑浑噩噩，碌碌无为，关键并不在于他们没有才能，没有机会，而是他们没有把自己无限的潜能开发出来。

其实我们完全可以超越平庸，超越平庸的第一步应该从我们的思想开始，如果我们头脑中的意识与追求卓越的方向相悖，那么，无论怎么努力，都难以摆脱原来的平庸。一个自我评价很低的教师很难做成一件卓越的大事，因为每个人的成就绝对不会超过他的自我期望值。如果你认为自己的天赋不如别人，认为自己不能取得别人那样的成就是因为别人处于有利的境地，那么你就不会锲而不舍地攻克前进路上的艰难险阻，也就无法成为你所渴望成为的人。

所以，如果你想超越平庸，那么至少要做到以下几点：一要有高远的目标，有超越平庸，成为名师乃至教育家的强烈追求；二要埋头苦干，不推脱，不敷衍，尽全力去做，要知道超越永远凝结着勇气和汗水。成功者与失败者的分水岭就在于：卓越者无论做什么，都会全力以赴，精益求精，力求达到完美；而平庸者却胸无大志，做事心志不专，马马虎虎，随随便便。

我们可以活得平凡，但是绝对不能活得平庸。平凡是心平气和，在平平淡淡的生活中尽心尽意地去创造，尽心尽意地去付出。认认真真地追求，充实自己，完善自己，拥有一个美好的、有价值、有意义的人生。

我们拒绝平庸，平庸的人，平庸的教师，总是在碌碌无为的生活里打发时间,做一天和尚撞一天钟,不思进取,让美好的青春时光在蹉跎中流逝。我们拒绝平庸,不要做梦呓中的懒汉,我们不会追求舒适安逸的生活,因为我们不能让青春锐意的进取心在浮华的富贵与平庸的安逸中退化。我们拒绝平庸,不会在温馨的风中驻留,不会在美丽的梦幻中呆得太久。即使我们此生不能获得辉煌,无法放出光芒,但是只要我们梦想过了,追求过了,努力过了,那么,我们的生命就已经充满了光彩,卓尔不群了。好好利用上天赐予我们的种种能力,发挥全部的爱心和才华,我们的生命才不会虚度。

骨干教师们,切记之,努力之,实现之!

教师威信也从谦虚中来

谦虚,历来就是中华民族的美德,也应当是一个有威信的教师应具有的品德。

"藏才隐智,任重致远";"谦虚受益,满盈招损"。这是《菜根谭》对人们的劝告。

洪应明先生用很形象的比喻说,老鹰站立的时候像是在沉睡,老虎走路的姿态就像生了病一样,这正是它们准备以利爪捕食猎物的手段。所以,有德的君子要做到不显露聪明、不矜夸才华,方能肩负重大责任。

一个具有真才实学的人,遇事绝对沉着坚韧,不会有丝毫夸耀的念头。而那些自我夸耀、生怕别人不赏识自己的人,通常不知天高地厚,对事情也只是一知半解就跃跃欲试。常言道"一瓶水不响,半瓶水晃荡",说的就是这个道理。事实上,一个有才华的人,最好是深藏不露,否则,很容易招致周围人的嫉恨。所谓"木秀于林,风必摧之;堆出于岸,流必湍之"。所以,先人才有"良贾深藏若虚,君子盛德容貌若愚"的名言,就是告诫后人不可夸示才智,而应该有大智若愚的风范。

洪应明又说,"欹器以满覆,扑满以空全"——欹器因为装满了水才会翻倒,扑满因为空无一物才得以保全,即常言所说,"谦受益,满招损"，就像成熟的稻穗因为弯垂所以能耐疾风，而挺直的麦秆则无法抵挡风力。由此观之，做人如果不懂得谦让，就算无意与人相争，他人也会视你为对手，随时对你展开攻势。

再者，如果不抱有虚怀若谷的心态，自然就会筑起一道牢不可破的心理防线，听不进别人的善意规劝，往往给人态度骄横的印象。而一个人如果内心充满了杂念，又不愿意接纳别人善意的建议，就会成为蛮横不讲理的狂人，这样只会招致他人的嫉恨，陷自己于险境。

有一位老师在"教育在线"论坛上袒露自己的心迹：

当教师30年后的今天，一种认识越来越清晰：虽然我在中学工作的角色可能还会有这样或那样的变化，但却有一种永远不能变的角色，这就是首先当好一名学生。要当一流的教师，就要先当一流的学生，这不仅包括自觉地向老教师、向书本、向社会、向自己的学生学习，更应该包括一种更高层面的角色和策略的换位思考。

这位老师还说，影响青年人成长的最大因素，不是环境和他人，而是自己的惰性、满足、自我原谅、自我开脱……人生对于大多数人来说，不会总是艳阳天，难免会有大渡河、金沙江、腊子口，总会遇到一些沟沟坎坎。我们既要想到不耕耘就不会有收获，更要想到有十分的耕耘并不一定能有十分的收获。但是，最重要的是先要去耕耘，因为人生的季节是不等人的。

我想，有了这种认识，这位老师一定会自觉改变自己，付出努力，从而一步步树立自己的威信。

还曾在网上见过这样一篇文章：

教师大都学过某一个专业，毕业后就做了这个专业的学科教师，有的还兼班主任工作，我走的就是这条路子。刚走上讲台，有过几天两腿发颤、头脑发蒙的经历，适应了一段时间，尤其是看到学生的"无知"后，腿也不颤了，头也高高仰起了，学科骄傲和职业霸气渐渐抬头了，有时俨然就是唯我独尊的气派了。学生自然就是我埋怨、出气的对象了，即使学生提出一个解题的好办法或者偶尔提出一个好建议，也认为不过如此,甚至还跟学生说,我的办法还是不错的嘛。时间一长,提意见的学生少了,我的地盘(呵呵)充斥的是骄傲和霸气!

一次被"赶鸭子上架"经历,真正改变了我。事情是这样的:我从教的第二年,因为当时教师短缺,校长安排我除了教初三的物理之外还兼教初二的历史。物理是我的专业,历史基本上是外行,正因为我是外行,不仅引领学生取得了很好的成绩,也让我走近了学生,因为我如果不依靠学生,简直就无路可走了。外行无形中拉近了我和学生的距离。不是我教得好,是我不可能居高临下地对待学生了。

这一年的教学,在当时看或许叫成功,现在看,那不过是比较灵活的应试教育而已。真正让我受益的是改变了我的行走方式,让我明白了学科骄傲和职业霸气的危害,也让我明白了有多少学生就有多少个装满金子的小脑瓜,"劈开"之后,不发光才怪呢!这段特殊的经历也为我以后主动选择教数学增强了信心。

有了这段经历,我开始学着反省自己,并落实到行动,现在叫反思,当时我还不知道这个词。为了避免我的学科骄傲和职业霸气,我坚持:

1. 和学生一同参加考试。只要不是我命题的试卷,就和学生一起考,把自己完成的试卷混入学生试卷一起密封,统一阅卷。呵呵,考试成绩出来就知道自己能吃几碗干饭了。考第一的时候极少,五名以外的时候都有,即便是考了和学生一样的高分,解题方法也有不及学生的时候。甚至一直提醒学生注意的问题,自己掉进去的时候也不少!我这样参加考试,不仅拉近了和学生的距离,也为自己的学科教学提供了借鉴,迫使我不断地改进教学思路,更新教育观念,不再唠叨"你们考试的时候要细心",而代之以具体的方法指导。尽管成绩不是评价教师和学生的惟一方式,但和学生一同参加考试,有效地避免了我的学科骄傲。

2. 遇到学生问题,多回忆自己学生时代的成长经历。我上初一的时候,是语文学科的标准差等生,就连听写生字我都很害怕,甚至有了语文课逃学的念头。老师上课听写10个生字,我写对5个以上的时候很少。值得庆幸的是,我的老师并没有批评我,在了解了我的心态以后,老师跟我说,以后你写对5个我就给你满分,发听写作业以前,你到这儿把那几个不会写的补上。从此,我对听写生字的恐惧心理一扫而空,终于有一次我堂堂正正地考了满分，老师在班上表扬了我，我学习语文的信心大增。尽管我没能把语文学得多么出色。毕竟有了小小的进步。这段温馨的回忆，让我在我的教学历程中学会的不仅仅是善待学生，而且我知道了倾听与交流，诊断与治疗是何等的重要。向学生学习，既可以增长我的教育智慧，又可以避免我的职业霸气。

3. 遇到学生问题或班级问题，多请学生出主意。我认为，一个老师不论经验有多丰富，也总有棘手的问题。社会在变化，学生在成长，新问题当然会层出不穷，多请学生出主意，让学生学会自我管理、自我教育，在这个过程中，促使了我进一步反思、调整自己的教育、教学方式。

4. 多学习、多思考。既向外行学习，也向家长学习；既向书本学习，也在网络学习；既向本学科的老师学习，也向其他学科的老师学习；既向优等的学生学习，更向学困的学生学习；善于倾听，也得善于思考；读书的时候，眼睛瞪大一点，实践增多一点；撕开自己多一点，指责别人少一点。因为我面对的是一个个鲜活的生命，能为孩子们和我自己增添一点色彩是我要做的。

这位所说的是另一种形式的不谦虚，那就是学科傲慢。所谓学科傲慢，就是说：

人常常是到了不熟悉的领域，才能估出自己的真价值；而在自己熟悉的领域，往往会夸大自己的本事。学科傲慢会极大地损害教师威信。

学科傲慢还是一种权力的傲慢，就是在自己控制的一亩三分地上称王称霸，颐指气使。克服这种傲慢的主要途径应该是提高教师素质，培养民主精神和尊重学生的意识。然而事实上很多教师都不会自觉提高自身素质的，他们克服傲慢的主要途径是在教育教学中碰钉子。老路走不通，学生不买账，只好调整自己的观念。这是一种被动的学习，但总比不学好。

学科傲慢，从思维方式角度讲，还是一种"确定性的傲慢"。我在读法国当代思想家埃德加·莫兰的《教育的七个黑洞》，其中有这样的话："人们教授确定性，然而需要教授的恰恰是不确定性。"这话非常深刻。经验告诉我们，当一个人自以为真理在手，一切都明白如昼，一切都确定无疑的时候,他肯定会很傲慢的。所以我们的教育不能迷信标准答案。我们要让孩子从小就明白,很多事并不那么确定,任何一个人知道的东西永远小于不知道的东西。这不是谦虚、而是实事求是。

人们因无知而傲慢,因傲慢而更加无知。

在孩子(人类的最弱势群体)面前傲慢,是最没出息的傲慢。

所以,要想在孩子们中真正树立和提高自己的威信,还是要记住那句名言:谦虚使人进步,骄傲使人落后。

爱护自己的形象

教师要想树立自己的威信,就要爱护自己的形象。可以想像,一个没有良好形象的教师,是无论如何也建立不起威信的。当然,我们这里讲述的形象并非是指穿衣打扮之内的外在形象。曾在媒体上见过这样一篇文章:

我的观点:咱们可不可以不收礼

近年来,学生家长给教师送礼的现象开始普遍起来。凡逢年过节,或教师家有红白喜事,或学生想调换座位,或要求教师对某学生特别关照,或希望安排某人当学生干部等等,一些家长就会送礼给教师。从表面上看,这种请客送礼办招待乃是平常小事,合情合理合法又不违规,是家长对教师的尊敬,无可非议,但实质上这样做的后果却非常严重。其理由如下:

第一,学生一旦知道教师经常接受家长礼物,会在他们心目中形成"教师腐败"的印象,不利于学生身心的正常发展,也影响教师自身的形象,影响教师开展正常的教学工作。

如果学生知道教师经常接受家长的礼物,久而久之,可能使学生形成一个错觉——教师是要"东西"的,教师的品德不是我们想像的那么高尚。一些表现差的学生可能会更加无所顾忌,可能会有意给教师难

155

堪,使教师在学生心目中的"崇高形象"一扫而光。一般情况下,教师在学生心目中的形象是高大的,教师是人类灵魂的工程师,是蜡烛,是春蚕,教师只有奉献,没有索取。但是当这个光环消失,学生可能会走向另一个极端,从此瞧不起自己曾经崇拜的教师。那么,我们教师今后还怎样开展正常的教学工作呢?

第二,如果学生知道教师经常接受家长的礼物,会在部分学生中形成攀比,最后发展为人人反感。导致整个班级集体风气的恶化,学习成绩下滑。

从古到今的教育大师们都有一个共同的观点:"尊"源于"道","信"源于"法"。中小学生还没有完全形成正确的世界观,他们的从众心理特别突出,学不健康的东西很容易。一些学生喜欢吃最好的、看最靓的、穿最酷的、玩最刺激的,再加上好奇心重,他们会去猜测谁给老师的礼物最重,最好,不但形成同学之间的攀比,还给了调皮学生说东道西的话柄,给了不明真相的学生添油加醋的材料,影响了整个班集体的风气。

学生家长给教师送礼是目前一个敏感的社会话题。案例作者仅仅是说一说他的心里话,提醒教师能够科学地、恰当地处理目前这些敏感问题,摆正教师与学生、教师与家长之间的关系,使家长和学生能够理解教师,信任教师,也使学生的身心得到健康的发展。但作为教师自身就必须认真对待,努力提高自己的师德,强化自己的教学艺术与教学风格,争作专家型教师,建立起崇高的威信。

1. 善于从自身寻找原因

尽管社会上对教师有许多不良的印象,目前消极的印象莫过于"眼镜蛇"了。然而这一印象是来自教师的自我批评或自嘲,还是公众不满的情绪的一种表达,还难以断定。但是,从整体上看,在社会发展的各个阶段,人们对教师的整体印象还是积极的。我国有着尊师的悠久历史传统。在古代,自荀况把教师与天、地、君亲并列以来,教师一直受到尊重。

教师的社会形象总是与社会对文化的态度相联系。当一个社会中,文化的作用被否定时,教师的地位和形象就下降。我国在十年"文化大革命"中教师形象与"臭老九"结下了不解之缘,使教师的政治地位、社会地位和经济地位降到极低,此时教师是谈不上自尊的。

在过去近三十年的时间中政府大力提高教师的社会地位和待遇,中国共产党第二、三代领导人把"让教师成为人人羡慕的职业"作为目标。到目前,虽然还没有达到这一目标,但是,教师职业总体上已经成为一种具有一定吸引力的职业。在这样新的社会历史条件下,仍然用陈旧的价值观念去看待这一职业,在业内,难免显得不知自爱,在业外,至少也显得若非狂妄便是无知。

在国家、政府大力提高教师的社会地位和待遇,大力提倡尊师重教的条件下,教师的社会印象来自教师自身的积极努力。教师地位的提高、待遇的提高也意味着对教师责任和要求的提高。因此,如果说社会对教师产生了如"眼镜蛇"之类的不良印象,那也有教师自身的原因。公众对教师群体的印象来自对个体教师特点的概括。虽然这种概括并不科学,但在一定程度上反映了教师本身的某些特点。

2. 廉洁从教

在商品经济社会,教师通过合法、合理、合情的途径增加自己的经济收入本也无可厚非,但正如古人说的,"君子爱财,取之有道"。教师的收入,主要是国家规定的工资,其次是所在学校给予的各种津贴,还有一部分可能是通过为社会提供各种有关的服务而得到的合法收入。一个教师,如果搞起拦路抢劫或者诈骗的勾当,显然是一种违法犯罪行为。目前这方面的报道也有,但总体上看,并不多。而且,一旦有了这样的行为,并被发现,就很快受到法律的惩治,被逐出教师队伍。因此,这样的人并不会对教师形象造成实质性的危害,社会和公众也不会把这样的人看成是教师的主流。

真正给教师的社会形象造成危害的,是教师"创收"的某些手段。这些手段花样繁多,但影响最坏的主要有两种。一是补课。课堂上不讲,课后让学生到自己家里给学生"补课"的事,近几年来在许多学校似乎已经成为一种不成文的"行业潜规则"。这大多发生在经济较为发达的一些城市中学,特别是高中,更为突出。在农村中学,不太多见。原因很简单,农民手中没有多少钱,拦住了路,也抢不到钱。对于这种情况,如果社会不予激烈抨击,那反而就不正常了。

除了补课,还有其他更富"人情味"的途径,那就是收礼,严格地说,是索要礼物。如今的家长,望子成龙心切,总希望教师对自己的孩子高看一眼,或者给予特殊的照顾,送点礼物给老师也算是合乎情理;对于教师来说,"却之不恭","笑纳"似乎也没有什么。但是,问题是,送了礼的学生就得到了特殊照顾,没有送礼,或者送不起礼的学生呢? 这样来看,教师"收礼"绝非一种被动行为,多少有点索取的味道,因为其中的潜规则是根据"礼"来对待学生。

教学是学校的中心,课堂是教学的主渠道,这是人人明白的道理。上好课,是教师的最基本的职责,公平对待每个学生,根据学生表现给予客观评价,是教师最基本的责任和义务。与这些责任和义务相称的权利是国家提供的工资。如果要说教师职业的道德的"底线",这就是最后的底线。超越了底线,就不知自爱了。要想得到社会的尊重,就更不可能了。

3. 形成自己的教育教学艺术和风格

教师要受到社会、家长、学生的尊重和爱戴,必须刻苦钻研科学文化知识,掌握教育教学理论,不断改进自己的教学方法,形成自己的教学艺术与教学风格,争取成为一个专家型教师。

纵观那些富有威信的优秀的教师和教育家,无不具有自己的教育艺术和教学风格。在世人眼中,他们也是专家型的教师。但是,对他们而言,教育艺术和教学风格本身不是他们追求的根本目标,而是为了获得理想的教育教学效果的一种途径,或者说,是在追求理想教育教学效果的过程中所形成的一种自然的结果。而"专家型"教师的称号,也不是他们自封的,而是社会公认的。

教师的最高境界是教育家。教育家不仅是社会公认的,而且是历史公认的。无数当代的"名人"也许会随着历史变迁而销声匿迹,特别是图得虚名之徒,在世的显赫无法逃避历史的审判,但是,真正的教育家,历时愈久,愈受到人们的尊敬和敬仰,最终人圣者之列。如孔子,生前曾"如丧家之犬",死后历经数千年仍被奉为"万世师表"。人是必死的,个人所拥有的一切个人价值,将随着个体的消亡而灰飞烟灭。然而,真正有利于社会的事业和功绩将万世流芳。教育家,应该是我们的理想。

让学生信服

我们先来看一位李姓班主任写的文章:

我对"信服"的解释是"信任加服从"。做一个让学生信服的班主任,就必须树立起自己的威信,让学生认同我们的观点,认同我们的行为。

1. 向学生宣传解释班级管理制度

任何法律、法规必须先向公民宣传条文的内容,说明立法的依据和目的,才能顺利实施。

(1)让故事说话。

我面对的是初中生,大多在家娇生惯养、爱看动画片、知识面不广,因此我决定换一种方式向他们说教。我讲了一个《农夫的稻谷》的故事。有一个农夫得到了一种特别优异的稻谷的种子,大家都来向他讨要,可是农夫拒绝了大家的请求。到了收割的季节,农夫惊讶地发现,自己的稻谷居然跟邻居的一样。原来,风把好稻子和普通稻子的花粉混在了一起,所以村子里的稻子变成一样了。后来,这个农夫把自己的优异种子分给了邻居,这样,大家都收获了丰收。学生们很容易从故事中悟出,良好环境中的个人进步是最大的,而这种良好的环境是由分享、互助造就的。

(2)以情动人。

我们的班主任都知道用"情"去打动学生,感化学生。

如:对某些总受漠视的学生,如果我们特别关照他,他会感激涕零,发奋读书,这时我们可以持续关照他。而当他又开始违纪时,我们就可以适当疏远他,并且让他感觉到老师对他的惩罚,对他再次违纪的愤怒。这时,我相信大部分学生都会主动向你道歉。只有让学生时时感到你的关心,你的存在,让他们觉得做得不好有可能失去你的友好,他们才会体会师生情感的酸甜苦辣。只有品尝了酸甜苦辣的情感,学生才会被"情"打动和感化。

(3)以理服人。

现在的学生有自己的思想,衡量事物的好坏、善恶有自己的尺度和标准。如果我们不能抓住事情的要害,就不会让学生认同,他们就会与我们理论,假若我们说服不了他们,他们就会反感,继而反抗。所以,我们对每一件事情都要认真分析,找出关键所在。比如,每个学校都有打架事件发生。说教没有抓住事情的关键,学生就没有认同。学生去打架,绝大多数是心理不平衡,认为受了别人欺侮,在同学面前失去了面子,必须挽回这个面子。我常给学生讲韩信忍胯下之辱的故事,然后问学生:"韩信厉害,还是市井无赖厉害?"回答是"韩信"。我又问:"如果韩信杀了无赖,历史上还有韩信吗?"回答是"没有"。然后我说:"韩信没有杀无赖,是因为他认为他的命比无赖的值钱。如果你认为你比对手强,你就不要与他打。打架没有赢家,不打才是赢家。"这样,学生的心理疏通了,握紧的拳头也就放下了。所以学生打架时,一般我问三个问题:"谁赢了?还想打吗?现在怎么办?"学生一般回答:一个同学不曾赢,一个同学未曾输;不想再打;握手言和。我觉得学生基本认同了我的这种处理办法。

2. 让家长认同我们的教育方法

如果家长认同班主任的教育方法,就会帮助宣扬我们的教育方法,帮助我们在学生心目中树立良好的形象。那如何让家长认同我们的教育方法呢?如果想在一个学期内把成绩提高,然后得到家长的认同,这是不切实际的,学知识不可能有暴发户。我们必须换一种角度来思考。我们自己做父母,如果我们的孩子说出一句关心我们的话语,可以让我们开心三天,甜蜜三天,更不用说做一件让我们高兴的事了,学生的家长又何尝不是这样。一般情况学生打架都有理由:"他骂了我","他碰到了我,又不道歉",等等。如果我们从打架有害、打伤人就得赔钱、你打了别人别人就会打你等等去说服,收效甚微。学生反而会认为别人打了我,我就要打别人。基于这种考虑,为了得到家长的认同,七年级时,我让学生每次回家说一句关心父母的话，做一件让父母高兴的事。那时，我接到最多的电话就是家长高兴地告诉我："我的孩子一到适存中学就懂事了。"这就是家长对我教育方法的认同。八年级时，我又让学生与父母谈一次心，并交一篇心得给我，主要是让学生理解父母。这种做法使家长非常高兴，当天就有两个家长打电话来感谢我。

说实在的，我班学生成绩并不拔尖，可家长从不责问我，相信我能把他们的孩子教好，认为把孩子交给我放心。既然这样，他们肯定要求孩子严格按我的要求做，我的班主任工作还会难做吗？

3. 把"苦"事变"乐"事

我们的班纪班规在一定程度上会限定学生的自由，限定了自由自然会有些难受，这就是"苦"事。我们就得想一个办法，变一种方式把我们的要求告诉学生，把"苦"事变"乐"事。如我要求学生早晨跑步，估计学生肯定会叫苦连天。我首先自己跑两天步，然后写一篇"招友启事"说："开学来，我备感工作和学习压力，有力不从心之感，所以我决定锻炼身体增强体质，以便更好地工作和学习。可两天来，我形单影只。现打算在55班寻找有志锻炼身体的好友一起跑步，有意者请在下面空白处签上你的大名。"启事在班上贴出后，学生全部签上名。我认为这比强迫学生跑步，向学生说教跑步的好处效果要好得多。又如学生厌学，我不说学习重要性，而是背诵王艮的《乐学歌》："乐是乐此学，学是学此乐，不乐不是学，不学不是乐……"我认为这样的说教其乐融融，其乐无穷。

班主任在学生中能否树立威信赢得学生的钦佩和信任，是班主任品德修养、管理能力和教育水平以及教师人格魅力的综合体现。钦佩和信任使人亲之而近之。古人云："有威则可畏，有信则乐从，凡欲服从者，必兼备威信。"可见获得钦佩和信任对于开展班主任工作多么重要。

李老师以自己的实际工作经历，证明"言必信，行必果"对班主任而言是何其重要。孔子曾经说过："其身正，不令而行；其身不正，虽令不从。"作为教育工作者，班主任肩负着教育学生受教育的责任，班主任要取"信"于学生，那么就必须在学生面前树立起一个良好的形象。而让学生认为最可信、最有说服力的良好形象是班主任自己的以身作则、身体力行、表里如一和言行一致。班主任要以身作则,为人师表,时时处处起到表率作用,真正成为学生心目中的楷模,影响教育学生。这是做好班主任工作的基础。

除此之外,班主任也要对学生因材施教,并懂得宽容、谅解地对待学生。每一个学生都有自己的性格特点,班主任应该利用一切可能去细心观察,分析每一个学生的性格、气质、才干和志趣,做到因材施教。班主任要根据学生不同的性格、气质、才干和志趣,做到投其所好,赢得学生的信任。比如,有的学生比较喜欢教师的直接批评教育,喜欢单刀直入的教育方式;而有的学生比较喜欢教师的婉转批评,对于教师的直接批评,他们会产生反感。那么作为班主任的我们,就应该根据学生的个性,采用不同的教育方式,最终达到教育学生的效果,从而赢得学生们的信任。在因材施教的同时,班主任也要学会理解学生,认真研究他们思想发展的过程,努力探索他们内心世界,并懂得宽容、谅解地对待学生。因为,人与人之间相互宽容,是人际关系良性循环的润滑剂。

化解矛盾,维护其他教师的威信

在班级日常工作中,班主任与学生接触最频繁,在教育学生、管理学生方面投入也最多,加之又有班主任的"头衔",因此比较容易树立自己的威信。学生在与班主任产生矛盾、冲突的机会也相应较少,尤其是较严重的冲突极少。学生即便心里不乐意,但口头上、行动上还是能服从班主任的指挥。相比之下,任课教师由于参与班级活动少且与学生的交往多数局限在课堂里,因而也不易受到学生的重视,遇到问题产生冲突的机率相对就大一些。此时班主任应以情动人,以理服人,主动维护任课教师的威信。当然,任课教师能否树立威信,班主任的主动维护只是一个方面,关键还是取决于教师自身的人格魅力和教学水平。

为了化解矛盾,树立任课教师的威信,班主任要注意讲究方法与策略。师生矛盾比较复杂,有时责任全在学生,有时学生、教师双方都有责任,也有时主要责任在教师。处理师生矛盾时,班主任不要不分曲直一味地压制学生,也不要在学生面前批评教师。要在认真调查的基础上,按实际情况合理、公正地加以解决。除此之外,在班级管理过程中班主任有意识地赋予任课教师一定的权利,如学生的入团表决权、"三好生"一票否决权;同时,要全力支持任课教师搞好教育教学工作,如支持教师在班级树立典型、表扬或批评学生,支持教师对学生的奖励等等。下面的实例对班主任化解矛盾,维护教师威信具有参考作用。

刚下第三节课,初二(一)班的班长就向班主任黄老师报告了一个很坏的消息:小刚在物理课上同陈老师发生了严重的冲突。事情是这样的:

小刚因为同母亲赌气,早晨没吃饭。挨过两节课后,第三节就挺不住了。他本来物理成绩就差,加上肚内不停轰鸣作响,根本听不进去课。陈老师发现他频频皱眉,一副反感的表情,也十分不悦。为了吸引同学们的注意,陈老师提高声音,不料小刚更加烦躁。陈老师一见此状,很是生气。他点名让小刚站起来回答问题。小刚知道老师这是有意给他难堪,所以激起了一股对立情绪。于是他以沉默表示了他的反抗,激起了陈老师的愤慨。他严厉斥责了小刚,然而小刚竟用蔑视的目光回敬这位对同学一向严格的老师。这一来,矛盾激化了。陈老师"命令"小刚离开课堂,小刚不但没有服从,反而"扑通"一声坐在椅子上。陈老师一见,气得脸色发白,并用一只颤动的手,抓住小刚的衣领向外拖……

听完班长的报告,黄老师感到心情沉重。她知道,凡这样冲突都是最棘手的问题。科任教师同本班学生的关系一旦到了这样的地步,是很难协调的。通常的做法是,班主任站在老师一面,给学生进一步施加压力,使其屈服、就范,以此为老师树立威信。这种做法,实践表明,是失败的。黄老师觉得,只有多做双方的工作,用灵活的方法,使他们心里真正沟通,架起感情的桥梁,才能收到好的效果。

黄老师开始了耐心细微的工作,她同陈老师谈话之后,又找小刚。

她没有过多地责备小刚。只是说,陈老师现在很后悔,他想找小刚谈心。小刚听了这话之后,立刻低下了头。接着黄老师谈起了陈老师的工作、生活、家庭……

"学校老师都知道，陈老师是一个工作拼命、极为认真的老师。"黄老师说，"因为工作出色才从农村选拔到我们重点学校。可是同志们只知道他的工作，并不完全了解他的生活，陈老师的妻子是农村人，没有工作，而且因为有病，生活都难以自理。五年来，陈老师对妻子不嫌弃，想方设法为她求医治病，承担着全部家务，用一个人的工资抚养着三口之家。尽管如此，他从来没因此影响工作。是的，他性情急躁。脸上好像时时都布满乌云，他心里苦啊……"

说到这里，黄老师情绪激动。这位好动情的慈母般的老师，眼睛一下子潮湿了。此时小刚也被感动了，他心中原来积存的不满和怨恨，被熔化了，心底涌起了一股同情和内疚。

"小刚，我不想为任何一个人的失误进行辩护，也不想更多地责备你课堂上的行为，我只想要求你站在陈老师的位置上多想一想，我相信你会正确处理这件事情的……"

小刚是个倔强的孩子，但他不是一个不通情达理的学生，而且也有一颗善良的心，听了老师这一番深情的话，内心很不平静。

"陈老师深感后悔，他心情沉重，他说他伤害了一个学生的自尊。"黄老师沉默了一会又接着说："他要来找你谈心，我没同意，我说，小刚会来找你的。我这样说对吗？"

"我去找陈老师承认错误……"说到这，小刚的眼圈一下子红了。

"啊，对了！"黄老师微笑着说，"陈老师正有事求你。"

"什么事？我一定办到！"

"最近一个老中医为他妻子开了秘方，缺几味药，听说你母亲在中医院工作，想让你帮他把药配齐……"

小刚呼地一下站起来，立即同班主任一起去陈老师家。

师生二人踏着深秋的月光来到陈老师家。小刚轻轻地推开房门。发现陈老师一边熬药，一边备课。顿时一股热流涌上心头，他一步跨进简陋的小屋，叫了一声："陈老师！"两双手紧紧地握在了一起……

上面这个例子值得班主任和教师们好好体会。

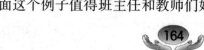

没有尊卑，只有平等

受传统"师道尊严"思想的影响，有些教师"高高在上"，时不时摆出"为师"的架子，这看似威严，实则有损于教师威信。新时期的教师，应该摆脱传统思想中不良成分的束缚和影响，建立平等和谐的师生关系。这样，教师的威信才会越来越高。我们不妨一起来看下面这个案例：

说了很多次，我们班的同学总是改变不了做事马马虎虎的毛病，值日时将扫除工具随手乱丢。为此，我专门召开了《爱护公物》的班会。班会上，同学们也表示"爱护公物、不随意乱丢公物"，我也一再强调爱护公物、不随意乱丢公物以加深他们的印象。可是晚上放学时，我就在班上的卫生担当区内拾到一个被丢弃的撮箕和一把笤帚，仔细一看，竟然有五年级一班的"记号"。顿时，一股怒火"腾"地窜上脑门：好啊，简直把我的话当成耳旁风了！为了维护老师的尊严，我决定明天给他们点颜色看看。于是，我把撮箕和笤帚拿到了办公室。

第二天早上，我迫不及待地来到了班级。假装拿笤帚扫地的样子。"唉，咱班怎么缺了一把笤帚？""值日组长，站起来！咱班怎么缺了一把笤帚？"值日组长在班内找了一会儿没找到。我大声说："昨天班会上我讲了什么？笤帚到底放哪了？"他无言以对。

"去找！"我大喝一声，手指着教室外，"马上给我出去找。"他出去转了一圈——当然找不到，又胆怯地回到了我面前，小声说："老师，我买去，我赔，行吗？"

"不行！"我声色俱厉地喝斥道："就要原来的，我要治一治你们这种坏习惯。找不着，不准上课，中午不准回家吃饭！"

学生只得出去找，望着他战战兢兢、畏畏缩缩的背影，我心中升起一股莫名的快意。

下午，上课铃刚响，他拿着一把笤帚跑到我面前："找到了，老师。"

我一看，确实是学校统一发放的那种笤帚，马上意识到其中有假。心想："竟敢这么骗我，太不尊重我了。我可是你的老师啊！看我怎么揭穿你的伎俩。"我歇斯底里地吼道："你从哪里弄来的？别以为我不知道，说！"

他的眼泪吧嗒吧嗒地掉了下来，一边哭，一边说："怕你不让我进教室上课，只好偷了别班的笤帚和撮箕。"

他这么一回答，好像从头上泼下一盆冷水浇灭了我的怒火，也让我彻底冷静了下来。我本想让他改正错误，却逼得他犯了更大的错误。我突然意识到自己犯了一个多么大的错误！我是多么残忍啊！为了我那点可怜的尊严与威信，竟如此无理地对待一个学生。我想象得出，他是经过怎样的煎熬才作出了这样的选择！于是，我决定作深刻的自我批评。

下午的自习课上，我首先向同学们说明了笤帚事情的原委："同学们，今天，老师犯了一个很大的错误，表面上是为了惩罚值日生乱丢班级公共物的不良行为，实际上是为了维护我的尊严而导致某某同学犯了错误，我郑重地向同学们道歉！"说完，我深深地向值日组长鞠了一躬。我亲眼看到：同学们的眼神由惊诧变成敬佩，随后班内响起了雷鸣般的掌声。这时，值日组长也激动地站起来向大家承认了错误："老师、同学们，是我不好，昨天把笤帚忘在了咱们班的卫生担当区了，今后一定改正！"并且主动把那把偷来的笤帚送还原主。

对犯错误的同学给予一定的惩罚，这是教育方式的一种。但是，处罚仅仅是一种手段，教育才是目的。因此，教师在处罚学生时，首先要考虑到是否有利于学生改正错误，是否给学生改过的机会，还要与学生换位，想一想他们的感受，弄清事情的原委之后，再选择恰当的方法来教育。这样有助于平等的师生关系的形成，更有利于教师威信的提升。切不可罚不择法，罚而无度，以罚代教，更不能因自己的私念和维护自己的师道尊严而肆意妄为。上述案例中教师的责任心与学生的疏忽发生碰撞，结果在"师道尊严"思想的指导下，教师实施了错误的惩罚，竟导致学生做了错事。这是教师工作中的一大失误。值得庆幸的是,这位老师即刻认识到问题的严重性,并及时采取措施挽回了不良影响,重新获得了学生的拥戴。教师能够通过反思,把自我批评亮相于学生的面前,这是师生平等的具体体现,是开展民主教学的前提,是素质教育的成功。

师生关系是影响教育教学效果的关键。科学的学生观、教师观和科学的发展观要求教师建立和谐、平等的师生关系。在课堂上要求老师的角色由"主宰者"要变成引导者,引导学生自主、合作、探究、创新地去学习。教师要把自己当听众,当成一个讨论者、合作者。但是由于传统的教育观念很难一下子从教师的头脑中去掉,所以使教师和学生在人格和教学中的地位上达到真正的平等是一件很困难的事。因此需要每一位教师从分析传统的师生关系存在的弊端入手来改变自己的教育教学观念,进一步明确平等的师生关系的重要意义、内涵以及怎样建立平等的师生关系,为建立真正的平等的师生关系奠定坚实的基础。

1. 分析传统的师生关系存在的弊端,改变自己的教育教学观念

几千年来,受封建文化中"师道尊严"等思想的影响,旧的师生关系依然存在,且有它的顽固性,其主要表现为"一压、二包、三放弃"。

(1)"一压"指压学生。

在教学上,用脱离实际的高要求、超负荷的作业量,使学生睡眠锐减,为分数奔命,心理压力巨大;在管理上,我说你听,我管你服,教师的话就是"圣旨",即使脱离实际、不符合客观规律的要求,也要学生一一照做,稍有意见或不从,便讽刺挖苦,甚至体罚或变相体罚。

(2)"二包"指教师包讲、包办。

在教学上,教师一言堂、满堂灌,一节课讲得"风雨不透",丝毫不给学生活动的空间,然后是烙饼式地练,一个生字让学生十遍八遍地写,一篇文章让学生无数次地读,其结果是教师累得筋疲力尽,学生练得苦不堪言,还收效甚微。在管理上,教师越俎代庖,事无巨细,一切包办,体现不出教师的主导作用和学生的主体作用。

(3)"三放弃"指教师对问题学生进行放弃。

教师对分数低、不听话、不顺眼的学生排挤、放弃。教师对成绩差的学生不是积极帮助查找原因,采取开"小灶"、结对子等措施弥补不足,

而是认为其已无药可治,放任自流;对"不听话"的学生不认真调查研究,分析其在心理上、思想上存在的问题,并加以正确引导,而是采取惩罚、侮辱等手段打击学生,挫伤学生改正错误、求实上进的积极性;对不顺眼的学生不能积极帮助其改正缺点,激发其积极参与班级事务管理和参加各项活动的积极性,而是不断排挤、讽刺、挖苦,其结果是学生心理受到压抑,找不到在班级中的位置,于是心烦、厌学、辍学。

在这种主从型的师生关系中,一方面,负有社会责任的教师强制学生学习、掌握知识;另一方面,丧失自由、被迫学习的学生,把教师的行为看成是压制、侵犯。其结果造成师生关系紧张、矛盾尖锐,酿成教育的悲剧:学生年级越高,对教师的不信任度越高;教师的威信越低。因此,教师应从素质教育对教师的要求入手,改变教育教学观念,努力建立一种平等的师生关系。

2. 从"社会化"角度明确建立平等的师生关系的意义

民主平等的师生关系,不仅是社会进步的必然结果,也是教育现代化的必然要求。人们普遍同意,在普及九年义务教育后,学校在个体社会化的过程中扮演着重要角色,学生在教学活动中不仅是获得知识技能,还在学习这些知识技能的同时潜移默化地实现着自身的社会化。教学是学校教育中最核心和基础的活动,师生关系是对学生最具影响力的人际关系,两者对学生的社会化必然会发生深刻的影响作用。一个学生,如果在整个受教育阶段从来没有在师生关系中体验过教师的平等对待,从来没有通过教学活动经历过民主的过程,或者始终处于尊严被漠视、权力被剥夺的处境,那么,他的思维和行为将只能在服从或反抗的两极间游走,绝无机会学会以民主平等的方式为人处事。而在师生关系的建设中,显然作为成人的教师占据着主动和决定性的地位,也就是说,尽管双方平等是追求的目标,而平等能否实现却更需要教师一方的努力。学校中师生关系是更倾向于民主与平等,还是严格维系师道尊严,主要取决于教师而不是学生。

3. 平等的师生关系的内涵

在中小学,民主平等的师生关系的内涵主要是指双方在人格和教学中地位上的平等。教师在教学活动中不但要摆正自己的地位即引领者、合作者、组织者,与学生在人格上形成了平等的地位,而且还要把每一个学生看作是具有平等人格的人,尊重每一个学生的感受、思想和意愿,努力用开放、探索的态度来组织教学活动,力求逐步形成师生、生生间平等的互动。

4. 如何建立平等的师生关系

(1)教师要摆正自己在教育教学中的位置。

"教师要做学生的伴游,而不仅仅是导游。所谓"伴游",就是要自始至终参与学习的全过程,并在学习当中与学生同甘共苦;所谓"导游",就是要指导学生学习,为学生排疑解难。因此,教师在教育教学的过程中,必须以学生为核心,"一切为了学生,为了学生的一切"。教育实际上是一个特殊的服务行业,教师要服务于学生,必须学会"蹲下来跟学生说话",给学生当"伴游"。

(2)教师要热爱学生,要最大限度地理解、尊重、宽容、善待学生。

热爱学生是师德的最起码的要求,也是重要的教育手段。一个真诚地热爱学生的教师也会得到学生的爱戴和信赖,而且学生还会把教师的爱迁移到他所教的学科上去。

英国有位科学家叫麦克劳德,小时候曾经偷偷杀死校长家的狗,这在西方国家显然是难以原谅的错误。但校长对他的惩罚是:画出狗的血液循环图和骨骼结构图。正是这个包含理解、宽容和善心的惩罚,使麦克劳德爱上了生物学,并最终因发现胰岛素在治疗糖尿病中的作用而获得诺贝尔奖。由此可见,有问题的学生不一定是坏学生。学生犯错误,往往不是品质问题,而是出于好奇或者其他心理原因。学生出了问题,教师要认真分析,正确引导,不要不分青红皂白地横加指责、痛下杀手。实际上,很多老师都有过这样的体验:当我们依依不舍地送走了一届又一届毕业生以后,过了几年,甚至十几年、几十年,仍然记得你这位老师的,就是当年的"问题"学生。因为你在他身上花的心血最多,这是你应得的回报。我们的学生尚未成年,还处在身心发展阶段,是非观念还没有成熟,出现一些毛病和错误,这是在所难免的。"学生看起来最不值得爱的时候,恰恰是他们最需要爱的时候",对有问题的学生,教师应该热情地伸出双手。

（3）改变评价的方式，提倡激励为主的评价方式。

教学评价不当，否定的评价过多，这是造成师生情感障碍的主要原因。教师对学生评价的目的是为了帮助他们更好的发展，因此通过评价要能够增强学生的自信心、自尊心，鼓励学生不断进步。所以，教师对学生的评价应更多关注和针对学生各方面的进步，抓住他们的闪光点。对于有问题行为的同学则引导他们从逐步延长自己犯错误的周期或错误程度的逐渐减轻中看到自己的点滴进步。

（4）教师要关注学生，走进学生的情感世界。

在我们周围常常发生这样的情况：一些年轻教师、尤其是刚从师范院校毕业的青年教师，很受学生欢迎，他们的身边常常聚拢着一群学生。学生有什么高兴、苦恼的事，也愿意向他们诉说。这是为什么呢？原因只有一个，就是他们还没有多少教师的架子，学生愿意把他们当做自己的朋友，愿意向他们敞开自己的胸怀。在教育教学过程中，教师和学生的地位是平等的。教师要把自己当做学生的朋友，走进学生的情感世界，去感受学生的喜怒哀乐。

5. 把握沟通的最佳时机

教师在最佳时机与学生交流、沟通会使建立平等的师生关系的工作起到事半功倍的效果。学生的情感体验如何，与其需要是否得到满足有直接关系。需要得到满足时，便会产生积极的情感体验；得不到满足，便会产生消极的情感体验。当学生最需要爱护、理解、鼓励、安慰和引导的时候，也就是师生情感沟通的最佳时机。一般来说，当学生学习成绩有大的起伏，学生日常行为有显著的变化，学生身体有病，学生父母外出，学生家庭有较大的事件发生如建房、乔迁、亲人病故、父母离异等，都是与学生沟通的最佳时机。

6. 积极的倾听

课堂管理的一个重要任务就是通过师生间良好的沟通与交流，达成和保持课堂中的积极互动的效果，促进课堂活动的有效开展。平等的师生关系是师生之间交流与沟通的前提，而良好的师生沟通又是课堂管理产生效能的关键。教师停下自己正在做的事情专心致志地倾听学生的发言，会使学生感到自己被尊重。这样，师生之间就会形成彼此信任、尊重、接纳、理解的关系。这样,任何教育活动都会使学生产生兴趣和接受性。

教师只有与学生建立平等的师生关系,才能给学生营造出一种良好的、舒心的学习环境。才能使学生真正体会到和自己在一起时的轻松和愉快,才能不断提高教育教学的效率和效能,也才能让自己威信日升。

把握好师生平等的度

我们说,师生之间没有尊卑,只有平等,竖立起了平等师生关系才有利于教师威信的提高。但这并不意味着师生之间有"绝对"的平等。教师与学生之间的平等,首先体现在他能够尊重学生,承认师生是平等的,而不是居高临下地面对学生,这基本上成为教育工作者的共识,但是师生之间的平等并不意味着自己全部的、真实的暴露,不等于在学生面前无所顾忌、完全迁就学生。从学生的角度看,学生对老师没大没小,甚至称兄道弟,也不是真正意义上的师生平等。正如学生所说:"我喜欢有距离的爱。我觉得好的班主任应该是站出来有种威严感,但是和他接触,也能说得开。"

如果教师不能正确理解"师生平等",往往会导致一些始料不及的问题。在我个人看来,教师要与学生保持适当距离,这样可以弥补个人经验的不足。与学生走得太近,很容易为学生所伤。学生一旦觉得与老师很熟,就会认为"自己犯点错误也没关系,既然'老班'是我好朋友,那么他一定会给我面子,不会在班上出我的丑"。这样,一个学生的问题不处理,类似的错误便会在其他学生的身上接连出现,整个班级就会成为一盘散沙。老师也会觉得很多事情上不了手。会有一种心有余而力不足的感觉,而且自身威信也会越来越低。

教师特别是班主任与学生之间,开始时应保持一定距离,相互适应之后再作进一步的交流。平等并不简单地表现为起点的平等,而是最终结果的平等,是一种沟通意义上的平等。

因此,应把握好与学生相处"六步曲"。

下面是一位优秀班主任与学生相处的经历,我们以此为例来说明。

1. 学生很"怕"我,因为我很严厉,会提出各种严格的要求

很多新教师尤其是新班主任在刚刚走上工作岗位时,容易走向两个极端:或者是与学生完全打成一片,失去了作为一名教师应有的威信;或者是希望学生,怕自己,师生之间等级森严,水火不容,学生有错误,教师动辄训斥,久而久之,师生之间如同仇人。事实上,学生真正怕的老师并不是一般人眼中的凶老师,因为再严厉的老师,学生与之接触一段时间,就可以基本适应他的语速、语调、面部表情和身体动作。学生发自内心的"怕"实际上是一种敬畏,不是屈服,而是臣服。

下面是一位严厉的班主任在接手一个乱班后处理一个突发事件的经过。

学校的教学楼后面是一个巷子,学生经常将吃剩下的早饭从楼上扔下去,极不美观极不卫生。我发现后,开始着手处理这件事情。

开始,我找来一个学生,告诉他:我看到你今天早上吃什么了,并且楼下巷子里有同样的剩余部分,我已经搞清楚这是怎么一回事(学生觉得有点害怕和惊愕)。接着我来软的,好,没关系,你说还有谁扔了,我找问题更严重的,把扔食物的学生都揪出来,一个也不放过,以免学生觉得老师想包庇一些同学,有失公正。这项工作我要花很长的时间、细致地去完成。

犯错误的人员名单搞清楚之后,我决定给他们一个比较深刻的记忆。我要求所有的人一起去打扫那个巷子,穿得光鲜靓丽的男生和女生一起来到臭不可闻的巷子,清理卫生死角。周围的老师和群众都觉得非常奇怪:为什么中午的时候有这么多衣着整洁的学生,一起在大家避之惟恐不及的臭巷子里劳动,并且里面有好几个身高一米八几的大高个男生。我和他们一起动手,大家都干,这个时候尤其不能偏心,男女都一样。先捂着鼻子用扫帚扫一遍,扫不掉的用铲子慢慢弄掉,实在不行的就动手,直到弄干净为止。每个学生从巷子里出来的时候,都是灰头土脸的,身上发出一阵阵难闻的味道。学生称这是有史以来参加的最脏的一次劳动。

中午打扫完之后，我想"抚慰"一下学生，准备买点东西给他们吃。这时候我发现有些学生没什么事干，就用管子吹珍珠奶茶里的"珍珠"，其中有颗"珍珠"刚好被吹到路边卖馒头的小贩的锅里。我先不吱声，想了想，干脆把那一笼馒头都买了下来。学生笑着问，是不是有"珍珠"的那笼馒头，我说就是的，你们吐哪锅，我就买哪锅，一人一个，不吃也得吃。那几个吹"珍珠"的学生低着头，不吭声地朝嘴巴里塞馒头。我想，类似的事情估计不会再发生了……

这样的突发事件应该对我们会有所启发。

2. 学生有"一点喜欢"我，因为我通人情，以理服人

事情的经过是这样的，本学期初的一个下午，同学们都在安静地认真自习，只有杨军同学将头抬得很高，注视着另一个同学刘选。我轻轻地走到刘选的身边，发现他正在聚精会神地看着一首诗，我当时问了句："可以给我看看吗？"他很不情愿地将那首诗给了我，而后两位同学对视了一下，刘选便趴到了桌子上。事后他告诉我，当时自己的想法是：这下可完了，金老师一定不会放过我的。

我走到讲桌前，看了一下诗的内容："天涯何处无芳草，何必要在二班找。本来数量就不多，况且质量也不高。"想了想，没说什么，把纸条放到了衣兜里，我按兵不动，继续看学生自习。但是刘选坐不住了，他时不时地抬起头偷偷地看看我，等待着我的批评。看了几次后，发现我无动于衷，只好一边开小差，一边写作业。

下课的铃声终于响了，我把刘选请到了无人的机房。刘选耷拉着脑袋，用眼角的余光看着我，我让他坐下，他却哭了，边哭边说："金老师，我错了，我不该写这首诗，不该在自习课上传纸条，请老师不要在班里讲这件事。"

我告诉他："如果我想把这件事情在全班抖出来，就不会把你请到这里来了。"他稍微放松了一下，会心地点了点头。"话还没有说完，你得告诉我为什么要写这首诗。老实地说，我不怪你；如果骗我，情况就另说。"

他想了想后，详细地叙述了他与班上一名女同学友好相处到产生矛盾的经过，原来这首诗是他"失恋"后为了发泄内心的痛苦而写的。

我一时间还想不出什么好的方法来说服他，于是按照常理先疏导教育了一下他，就让他先回去了。之后，我把这首诗拿到办公室，坐着仔细考虑，如何妥善、不露痕迹地处理这件事情，毕竟他们还是一群不懂事的孩子……

第二天，我又将刘选喊到机房，拿出这首诗，对他说："金老师想和你一起将这首诗改动一下，你看怎样？"他爽快地回答"行"，"老师改前两句，你改后两句。"他点头同意。第一句只需改动一个字，将"天涯何处无芳草"改为"天涯何时无芳草"，第二句改为"何必非要现在找"；紧接着他又改了后两句："本来学业就很紧，况且年龄又很小。"读着这首诗，学生非常轻松地笑了。

随后我告诉他："十年之后，你要是还找不到女朋友的话，这件事包在我身上！金老师一向是说到做到。"他连声说"谢谢老师"，便心服口服地回到了教室。

从学生的角度出发，这样的处理过程，顾及孩子的心理特征，充满人情、以理服人，消除了学生与班主任之间的对立情绪和戒备心理，平复了学生内心的波澜，使他们学会了情感上的进退自如，也提升了教师威信。

3. 学生能"接近"我，因为我给过他们帮助

我们班有一部分学生家境很不好，特别是单亲家庭比较多，有些外表看似很张扬的学生其实连学费也交不起。我通过自己的方式私下里去了解他们的情况（做到不让其他学生知道，不伤害他们的自尊心），然后尽可能地帮助他们向学校申请减免学费，将关心和帮助落到实处。

一开始的时候，学生怕我，见到我就躲，有时走在楼梯上都离我远远的。但是经过一段时间相处后，我觉得学生已经能渐渐地与我融洽相处了。

4. 学生"服"我，因为我对学生提出适度的要求

班主任总是会对学生提出很多的要求或者是规定。但是说起来容易，学生却往往做不到，怎么办？说些符合实际情况的，这样学生才会觉

得确实是从他的角度出发,切实为他考虑。

学生到初三的时候,会面临一个填报志愿的问题。那时候,我的原则就是从实际情况出发,与学生促膝长谈,分析每个人的性格特点、专长、薄弱环节等等,选择与之相适应的专业和学校,作为他在学校学习、奋斗的目标,并经常给他敲敲警钟,他也觉得老师说的是对的,会诚心接受老师的监督。

5. 学生犯错会主动找我,他们知道我的眼中不能有沙子

在学生经历了由陌生到熟悉,由畏惧到喜欢的适应后,他们和班主任的交往一步步地加深,这个时候会出现两种情况:一是随着时间的推移,学生会放松对自己的要求,有"技巧性"地犯错误。慢慢地,越来越大胆,越来越放肆。另外一种则是良性循环,学生逐渐由表面上的惧怕发展为内心的臣服,自觉地用自己所认同的老师的标准来约束自己的行为。一旦偏离这个轨道,自己会产生负罪感。

6. 我是"学生的朋友",分担他们在学习上、生活上、感情上的很多问题

开始时学生是畏惧我,随着对我的了解的深入,他们逐渐认同了我,不愿离开我,我们彼此成了朋友,这是建立在长期积累基础上的有原则性的友谊。

下课时,可以对学生的穿着来点儿表扬或者调侃:"今天的衣服搭配得真不错。"学生通常会很高兴。

有的时候,学生的父母在家吵架,学生心里会很难过,第二天到校之后他们会和我聊一聊。我会先征得学生的同意,然后以一种很委婉的方式与他的父母打电话沟通。"清官难断家务事",对调解好孩子爸妈之间的感情问题,我是心有余而力不足。所以,我的出发点就是希望他们能多考虑一些孩子的感受,把孩子的心理状态真实地展现在家长面前,寻求帮助学生的最佳方式。

鲁迅先生认为,作为一名教师,必须"知道孩子的世界"。他曾经做了一个形象的比喻:"要下河,最好事先学一点浮水功夫。"鲁迅在《我们现在怎样做父亲》一文中指出,要教育好孩子,"开宗第一,便是理解",

因为"孩子的世界,与成人截然不同;倘不先行理解,一味蛮做,便大碍于孩子的发达。所以一切设施,都应该以孩子为本位"。

哲学家雅斯贝尔斯认为,"教育过程首先是一个精神成长过程"。教师主要是从事以心育心、以德育德、以人格育人格的精神劳动。"精神关怀"更深刻、更准确地反映了教师教育劳动的意蕴,体现了教师以人为本的教育精神,表达了对学生的情感和态度。而正因为这些方面,使教师专业化成为一种特殊类型的专业化。了解和研究学生,做学生的良师益友,对学生充满爱心和信任,是搞好教师工作的前提。如果教师处处以尊者形象出现在学生面前,学生将会对教师敬而远之。那么,即使是一个学期、一个学年,甚至是更多的时间,也难以熟悉自己的学生。更谈不上结合实际对学生进行教育了。这样,教师的威信自然可想而知。

正确对待学生意见

教师在工作中难免会出现问题、出现失误,这些都是很正常的,应该允许学生提意见。要认识到这既是在培养学生的民主意识、培养更多的创造型人才,也有利于树立教师威信。

孩子虽小,但他对周围的事物是有想法和看法的,对教师也一样。如果教师能够发扬民主,允许孩子提意见并尊重孩子的意见,师生就能真诚相处,互相谅解,建立起民主平等和谐融洽的师生关系,有利于培养学生独立思考的能力和创造精神。

允许孩子给教师提意见,会不会养成孩子爱挑剔、不礼貌、自以为是等毛病呢?那就要看我们如何引导了。应当要求学生无论意见多么尖锐,必须通过合法手段,诚恳地善意地向教师提出来,也应该适当地注意提意见的场合。而且应当向学生指出,一个人的意见和看法表明一个人的水平,鼓励学生提意见。

当然,教师发扬民主绝不是一切都是学生说了算!还有少数服从多数的组织原则！这一点教师应该向学生讲清楚。作为教师,对于学生的意见,合理的,应该采纳并给予鼓励;需要说明的,就要向学生解释清楚;存在问题的,可以婉转或直截了当地给学生指出来,提高他们分析问题的能力。

学生给教师提意见会不会影响教师的威信呢? 实践证明,不会。应当向学生讲明,教师不可能什么都对,也不可能什么知识都掌握。

一个孩子的父母都是报社编辑,他见多识广,聪明过人,但是又傲又淘。一次课上,我讲巴黎公社虽然只存在了 70 多天,但它毕竟是世界上第一个无产阶级政权。这个孩子举手说:"我记得巴黎公社存在了 80 多天。"我明明知道是他记错了,但这时绝不能用讥讽和嘲笑的方法来对待他,再说,这个孩子举手并很有礼貌地提出了自己的不同意见,至于提的对与错,那是另一回事。于是,我心平气和地说:"你回家再查查资料。"第二天,他在课堂上当众承认:"巴黎公社是存在了 72 天,是我记错了,我回家查书了。"他说话时,态度诚恳,还有点不好意思。我却说:"你对学问的研究态度是认真的,这种认真的态度很值得大家学习。"后来,他的父亲见到我说:"我这个孩子很任性,但他很服你。"

实际上,让孩子怕教师达不到教育孩子的目的,因为孩子是压不服的。想通过"整"或"压"使孩子服管的想法是教师不科学的心理需要,不是孩子的心理需要。教师说的做的得让学生服气,要做到这一点,首先得把孩子看作是一个"人",一个有头脑、有思维能力的人。

万平老师在上课时,用做菜加作料的例子给学生讲道理,讲在兴头上,顺手在黑板上写出了板书"佐料",同学们不由得互相对了对眼神,老师把"作料"错写成了"佐料",自己还没有发现,于是一位同学就写了一张小纸条,夹在作业本里,交了上去。

第二天,一上课,老师就对同学们说:"昨天我把'作料'写成了'佐料',咱们班的李恺同学给我写了一张纸条,纠正了我的错误,我要和同学们一样,把错字改过来抄三遍。"谁知老师因为工作忙,并没有把"作料"抄三遍，这个同学干脆又交了一张纸条，指出老师说到没做到。上第三节了，同学们一起回班，一进门就看见讲桌上有一张纸条，上面写着"作料、作料、作料"，而且是用学生字体写的，没有连笔。上课了，老师对同学们说："昨天，我答应大家要把'作料'这个词抄写三遍，可是我忘记抄了，今天，我把它补上了，因为我不能失信。我得说到做到。"说完，给大家鞠了一个躬，然后，把这张纸条举给同学们看，最后把它郑重地贴在了黑板的左上角。顿时，孩子们激动了，提意见的孩子说："老师，您真伟大，您不愧是我们的好老师！"

一下课，班上的一个"淘气包"大声说："老师真够意思！赶明儿我写错了字，也抄三遍贴在黑板上。""那不把黑板贴满了？""哈哈……"同学们笑了，老师也笑了。

教师接受了孩子的意见，纠正了自己工作中的失误。孩子感觉到了教师对自己的尊重，激动得直夸老师"伟大"，师生关系和谐到这个程度，多么好的一种状态。这不仅有利于顺利地进行教育教学活动，更重要的是激励孩子成长为"主人"。可见，正确对待学生的意见，在学生面前公开承认自己的失误或不足，可以起到提高教师威信的效果。

剔除"教师霸权主义"

我们来看下面这个案例：

学校少年团校要求初一年级每班推荐两名优秀学生为少年团校成员。班级学生个个要求上进，都希望自己能被第一批吸纳为团校的成员，"僧多粥少"，两个名额怎么分配呢？我根据新学期以来同学们各方面的表现，在经过深思熟虑后，打算把两个名额给雪和星，并作了私下告知。当雪和星希望填写推荐表时，为慎重起见，我说得让全班同学知道并认可这一决定。

事情还没公开,班上已传得沸沸扬扬:老师把两个名额给了雪和星,我们都没有指望了。

磊到办公室说:"老师,我想知道班上的两个名额您打算怎么分配?"

"经过认真斟酌后,认为雪和星各个方面的表现都十分优秀,打算把名额给她们两人。你认同吗?"我征询磊的意见。

磊茫然地点点头。

"你也是很有竞争力的学生,下次再争取,好吗?"

"下次机会是什么时候?""大约要等到下学期了。"

"哦!……老师,再见!"

我一口气还没喘过来,娟一阵风似的进了办公室。"老师,我想知道您把两个名额给了谁?为什么?"明显的责问。

"老师打算把名额给雪和星。"

"您征求过我们全班同学的意见了吗?您这样做,对吗?您知道我们会怎么想吗?"连珠炮式发问后,声音哽住了。

"哦!让老师再想想。"

……

万万没有想到我的自作主张,会招来如此强烈的不满、抗议,在无奈的背后是一种深深的伤害。一天后,我向全班同学作了检讨,包括磊和娟,当然也包括雪和星。推荐活动也按照同学们民主讨论的方案有序进行。

在传统的师生关系中,教师处于绝对的权威地位,"师道尊严"在教育者的思想中是那么根深蒂固,以至他们习惯于向学生发号施令,学生只能是被动的接受者,有意见也只能保留,这就是"教师霸权主义"的表现。这种行为严重损害了老师威信。教师以自己的"霸权主义"观念指导下的行为,剥夺了很多学生通过公开、公平的竞争获取证明自己、锻炼自己、实现自我的机会,诸如担任班级干部、参与文体活动、参加各类竞赛、获取"三好学生"荣誉等。此外,在学校的日常管理、教师的教学行为、对学生的评价中,教师的"霸权主义"也是无处不在,在它的背后不知道又有多少纯净的心灵受到伤害。育人者无视"面向全体"、"以学生为本"、"尊重学生成长中自我实现的需要"等要求,把自己的意念强加给学生,使"建构民主、平等、和谐的师生关系"成为一句空喊的口号,结果"赢得学生的信任和尊敬"也只能是育人者的一厢情愿,教师的威信自然无从谈起。

观念是行动的灵魂。陈旧落后的师生观念必然导致"教师霸权主义"行为的泛滥。广大学生民主、平等、自主意识的觉醒,使"教师霸权主义"再也没有了市场。新课程改革必须以更新教育观念、确立先进的教育理念为首要任务。作为一线的教育工作者,更新教育观念不能只停留在学习认识的层面上,更需要把"新理念"真正落实到日常的教育教学行为中去。看到育人者敢于向学生承认工作中的失误,倾听学生的心声,悉心听取学生批评。反思自己的教育行为,及时调整工作的策略方法,这样才能树立教师应有的威信。

要善于"笼络人心"

一个有威信的教师除了勤练"内功",具备真才实学外,还要掌握必要的教育技巧。比如,要学会"笼络人心"。

我们来看下面这个案例:

我最近接了一个新班,这个班级很乱,原来的班主任是中途辞职走的。学校领导找我谈话,我只能仓促上任。我现在心里很急,因为我接手这个班已经有一段时间了,可是班级的面貌还是没什么起色,学生的纪律照样很差,不读书的学生有很多。我很矛盾,因为要是管他们吧,他们明显对我有逆反心理,虽然表面上不跟我对抗,但是背地里说我的坏话;我要是不管吧,领导对我又很信任,任课教师那边给我的压力也很大。我一点方向都没有。

　　班主任接手一个新班,第一件要做的事情是什么? 不是整顿班级面貌,不是处理问题学生,不是马上显露政绩,而是想办法和学生处理好关系,尽可能"笼络人心",让他们接受你,喜欢你,尊重你,爱戴你。和学生的关系搞好了,后面的工作想不顺利也难。对于学生的逆反情绪,班主任一定不能心急,要通过各种工作让学生理解自己,接纳自己。

　　我们学校曾经有一位班主任工作不是很好,班级有些乱,学校决定在学年结束后调整班主任。不料这个班的学生知道之后联合起来对抗学校,不同意新的班主任带班,因为原来的班主任比较松,而新的班主任比较严格。后来学校做了大量工作,仍然坚持原来的安排。新的班主任龙老师上任之前找到我,问我有什么建议。我说,这个班的学生现在对你有些敌意,因此,你接班之后,一定要避免批评他们,哪怕他们的确表现很糟,你都要忍住。你现在最重要的事情就是4个字:"收买人心"。

　　龙老师果然按照我的建议去做了。两个星期之后,我再次见到他,问他情况如何,他说,学生在宿舍里议论,龙老师不像传说中的那样凶嘛,挺好的一个人。我说,好,你成功了一大半,继续努力! 一个月之后,龙老师召开了班级学生的家长会,会上绝大部分家长都表示了对他的初步认可。家长会后,他对全班同学说,如果这次班级期中考试的成绩比上学期有进步,他就利用周末组织全班同学外出游玩。学生很振奋,期中考试果然取得了非常出色的成绩,全班快快乐乐外出游玩了一次,这个班级从此走上了正常轨道。

　　由此可见,只要跟学生感情融洽了,一切都不是问题。当然对于不同的学生,笼络人心的方法也不同。但是小学生也好,中学生也好,都是感情的动物,而不是理智的动物。他们常常知道什么是对的,但是支配他们行为的,更多来自于情感的因素。因为喜欢一位老师而喜欢这门学科;因为敬服一位班主任而好好读书;因为被一位老师感动而从此改邪归正……这样的例子不胜枚举,班主任如果懂得这个道理,就不会出现因学生的逆反生气而导致师生对立的情形。

　　笼络学生的方法很多,大体有以下几种:

（1）学生无助的时候多关心。学生生病回家了，住院了，班主任一定要亲自去探望，再忙也得去；学生和他人闹矛盾了，心中苦恼，班主任要及时帮其排解；学生成绩下降，心中着急，班主任要及时帮他分析原因，并且设法帮他补课。

（2）多表扬少批评。任何人面对批评的反应总是抗拒，听到表扬总是开心。班主任经常当众表扬学生可以赢得学生喜爱，对于犯错误的学生宜私下婉转批评，批评的时候一定要注意照顾学生的面子。

（3）树立自身威信。有人格魅力的教师自然让学生敬服。教师如何树立威信？李镇西说，上好课、不拖堂就行了。这话很有道理。通常来说，教师有良好身教，做事公正公平，一定会赢得学生之心。

（4）多关注学生个体。人人都有被关注的需要，教师能记住学生的生日，说出学生曾经取得的每一个进步，都会让学生感动。学生觉得某个教师是真心对他好的，自然也会亲近这位教师。

（5）增强集体凝聚力。一个有凝聚力的班级，班主任自然深得人心。班主任要积极参加学生的各种活动，尤其是各类比赛，在师生共同努力取得成功之后，那种师生间的感情，别提多浓了。

（6）偶尔也可以学一学历史，借鉴一下"曹操赤脚迎许攸"、"刘备假意摔阿斗"的做法，也会产生不错的效果。

总之，善于笼络人心，对教师树立威信有益无害。

学会与学生促膝谈心

谈心是班主任帮助学生消除心理障碍、解决思想问题的一个重要方法。成功的谈心，有助于班主任提高在学生中的威信。因此，教师或班主任须慎重地对待谈心。

通过长期的班主任工作实践，我觉得谈心成功的关键在于班主任能根据学生的心理特点，启迪学生的觉悟，激发学生内在的积极性。

首先,谈心时要选择一个合适的地点,以便为学生创造一个有利于消除心理障碍和促使其思想转变的合适环境。我们常在教室附近与学生谈心,这种谈话是在众目睽睽之下进行的,因此谈话的内容对其他同学应没有隐瞒的必要。如期中考试后,为帮助同学分析情况、总结成绩和提出问题而进行的大面积谈话就属这一类。有时谈心的目的不仅要教育该同学,还要教育其他同学,而且问题比较简单的,像学生经常迟到等,也可以当着其他同学的面,将其叫出,在教室附近交谈。如要解决一些需要保密的个别问题,或利用谈心了解情况,则可以在课余与学生相遇时边走边谈。这样旁人看来像是闲聊,无法猜测谈话的内容。而要处理比较严重的思想问题,如有的学生对教师不尊重,上课时故意戏弄教师等,就必须在办公室里坐下来谈,以便提供较长的时间和形成较为严肃的气氛。有时老师没有作好准备,谈心更不宜当众进行。

有一年,我担任班主任的高一(2)班刚选出了班干部,第一次开干部会议时,一位同学就提出:"进入高中后,不愿再当干部了。"他的态度使我和在场的同学都感到愕然,而当众做他的思想工作不一定奏效,弄不好,还会产生副作用。因此,我说:"对×××的态度,我感到很意外,可能有什么情况,让我再了解一下,同时请他也再考虑一下,我们以后再谈,会议继续进行。"事后,通过谈心解决了他的思想问题,他担任了班级主要干部,工作很努力,教师的教育作用得到了体现,其他学生也受到了教育。

高中学生比较敏感,思想单纯,敢想、敢说、敢作、敢为,但容易偏激,容易摇摆,思维的片面性较大。他们很热情,也重感情,他们往往过高地要求别人理解自己,受不得半点"委屈"。因此,谈心前,教师一定要做好准备,首先要了解情况,实事求是,不能道听途说,知道一星半点就下结论。在谈心过程中,还要不断了解情况,防止主观臆断。切忌乱训一气,更不能为维护自己的威信而发脾气。其次,谈心前教师要心中有数,通过谈心要了解什么,解决什么问题,达到什么目的,思路要明确,而不应该谈到那里就那里,更不能东扯西拉,使学生感到茫然。如遇了解的情况与事实不符或是自己的观点有必要重新考虑时,谈话应停止,等核实情况后再继续。

有一年开学报到时,我请几位女同学帮我一起收费开收据,最后结账时,少了64元,我仔细分析了一下,差错一定发生在交费最拥挤的时候。根据开出的收据,又请在场的同学进行回忆,很快找出了怀疑对象,在找她谈心前,我分析了情况,觉得这不能作为这个学生的思想问题来谈,是我们工作上的忙乱,使她产生了一闪念的错误想法,应该鼓励她从速改正错误。因此谈心时,将这作为基本观点,我把了解调查的情况告诉了她,又诚恳指出,每个人都可能有一闪念的错误,只要及时改正就好。使这位同学既感到了压力,又感到了老师的理解,第二天,就交出了64元钱。

班级中,几十名同学来自不同的家庭,由于遗传、素质、环境、教育的不同,形成了他们不同的气质个性。谈心要取得成功,还必须根据同学不同的个性特点进行。谈心时,性格内向的往往沉默不语,但不一定不接受你的意见,此时不要硬逼他口头表态,以免形成谈话的障碍,可以让他考虑一段时间,有些小问题,还允许他保留看法,但要求他行动上服从整体。性格外向的,你不能轻易相信他口头上说的,他过早表态,并不说明他对问题已认识清楚。因此,即使他表了态,你也要把问题分析清楚。如说:"你的态度很好,不知现在你和我的看法是否相同,我的看法是……",或者让他再谈谈原来的想法和现在的想法。

有些同学,特别是女同学,对老师的评价特别敏感,谈心时态度要和蔼,要注意遣词用语,不要把话说过头,为了减少这些同学思想上的压力,还可以先谈成绩优点,甚至可在谈话中帮助她整理整理衣领等,用一些亲切的动作,消除她患得患失的心理障碍,把精力集中到所谈的问题上。

有些同学素质较差,对老师的批评无所谓,对自己的问题轻描淡写,班主任谈心前要做好充分准备,做到有理有例,谈话要十分严肃。

班内一干部在分发电影票时,将位置好的票挑出来分给关系好的同学。开始他认为才几张票,而且自己拿的是差的,这种小事"用不着讲"。我向他指出这实质上就是以权谋私,达到讨好一些同学的目的,还是为了自己。接着我告诉他,为这件事,班级里三分之一的同学在周记上提出了意见,有的同学还反映他经常把班级里的报纸占为己有,分配劳动任务时,严重不公等。使他感到了问题的严重性,我向他指出,如自己不认真对待,同学不会谅解。最后,他提出,要通过黑板报向同学道歉。

对性格急躁的,要以柔克刚。问题提出后,可以让他先说,即使他暴跳如雷,你不动声色,让他说完后再谈,这些学生情绪容易偏激,对他过激的言词不应计较,如形成僵局,可停止谈心,让他考虑一下,以后再谈。而有些同学对自己要求严格,则响鼓不用重槌。谈心时为表示老师对他的高度信任,问题点到就好,不宜多讲。有时还可以从相反的角度来谈,如说:"我知道你很难过,事情已经过去,认识清楚,吸取教训就好了。"

中学生十分在意班主任对自己的态度。他们的想法在很大程度上是以老师对自己的情感流露和情绪反应为转移,谈心时,如果老师给学生以热情关怀,让学生切实感到老师对他的爱,那么,学生就容易接受老师对他的教育;反之,在谈心中,如果老师流露出对学生讨厌、遗弃的感情,则会严重挫伤学生,使学生产生抵触情绪。因此,谈心时老师一定要尊重、爱护学生。较长时间的谈心,切忌老师坐着,学生站着,使学生心理受到压抑。千万不能用侮辱、挖苦的话语,更不能揭发学生的隐私。如:"我已经了解了,你初中留过级","班级里有你这样的学生,真是倒霉"。对学生要一视同仁,不要将好学生与差学生进行强烈对照。如说:"同样一个老师教,为什么×××每次考试都在90分以上,你却只考……"总之,不能一味埋怨学生,要让学生看到希望,树立信心。

班主任在与学生谈心的过程中,学生的心理状态也在不断发生变化。因此必须密切观察学生的表情,了解学生的反应。要善于抓住谈话中最为学生接受的一点,将这作为转化的关键,因势利导。如×××同学因一些小事与同座的同学闹矛盾,要求调座位。我说:"你们没有原

185

则分歧，一些小事应多作自我批评，同学之间要相互帮助。因这种原因调座位，影响不好……"他不动心，但后来我说："给你调个位置很容易，但你与同坐的同学因一点小事都处不好关系，将来到社会上怎么办？"我发现他动心了，抓住时机接着说："将来踏上工作岗位后，总不能动不动就调动工作吧，与人相处中也有一种能力，你现在不应回避矛盾……"听完，他欣然同意不调座位，以后与同学关系也改善了。

有些问题，靠一次谈心是不能解决问题的，要做有心人，抓住时机，反反复复地做工作。一学生与继父的关系很紧张，母亲要求老师帮助做工作。第一次谈心时，学生很激动，举了许多例子，说父亲对他看不顺眼，常有意找岔。最终使谈心根本无法进行。后来我了解到他弟弟是后父生的。再与他谈心时我问他："你父亲对弟弟态度怎样？"他说："一样的。"我接着说："看来你父亲的脾气比较急躁，态度比较生硬，这是性格问题，你们要多谅解，不要对父亲有成见。"学生似有所悟，后来他报名参加了摄影小组，父亲给他买了一个海鸥照相机，我知道后对他说："看来父亲对你还不错。"他笑了。

中小学生还很稚嫩，自持力、毅力还不够，因此，我觉得谈心后还要做大量的工作。检查谈心的效果应是一个重要环节。检查的方法：可以观察学生的行动，向周围同学了解情况，也可以进行第二次谈心，再听听学生经谈心后的想法。还要帮助学生创造条件，以便他能在认识清楚的基础上行动起来。一学生在宿舍里对集体不关心，做值日马虎，同学意见很大。谈心后他有了改正的想法，接着我与他宿舍的室长商定，安排他一定的任务，并加强督促、鼓励，给他提出了适当的要求，使他觉得有改正的机会。这使谈心不只停留在师生思想认识上的统一，而迅速成为学生行动的动力。

总之，教育学生是一项十分艰苦细致的工作，与学生谈心更是一项复杂工作。但是这是对学生进行心理疏导和做学生思想工作的重要手段，也是教师树立威信的重要手段。下面的谈心方法值得班主任和教师在实践中参考。

1. 激励法

所谓激励法就是在谈话中要善于发现和肯定学生的长处，从而培养学生的自尊心和自信心,调动学生的积极性,激励他们向新的目标前进的谈话方法。这个方法特别适用于班上那些较差的同学。这种学生往往较胆怯,易自卑,所以在谈心中不宜刺激他们,而是想方设法加以鼓励。例如:

我班里有个女同学,由于学习较差,总有点自惭形秽,整天蔫蔫的,抬不起头来,更谈不上主动为集体做点什么事。我全面分析了这个同学的情况,并了解到她唱歌不错这一特长,于是,我找她谈话便从唱歌入手,于是话便多了起来。我鼓励她要努力发挥自己的特长,在学校组织的红五月歌咏比赛中让她领唱。这样她在同学中开始产生了影响,精神也逐步变得开朗了。再经过几次谈话,她逐渐变了,自信心增强了,学习也努力了。在高三文科班第一次期中考试时,她的名次在70人的大班中排在第九名。

2. 抑扬法

抑扬法是为了平衡被批评者心理状态采取的一种谈心方法。

有先扬后抑法和先抑后扬法两种。先扬后抑法就是对被批评者先谈他的长处,然后再批评他的短处。这种方法对那些与教师关系比较紧张、对教师比较生疏甚至有些抵触的学生最适用。他们最怕教师有偏见。你一旦肯定了他的某些长处,他的心理就会得到一些满足。你的批评也就能听进去了。

先抑后扬法就是开门见山,直截了当地指出不足,进行尖锐批评,然后再帮他分析有利因素和自身优势。这种方法适用于与老师关系较好的、心胸比较豁达的同学。

抑扬法也就是两点论,一分为二地看问题,这样的谈话能心平气和地分析问题、解决问题。例如,一次我班与外班赛足球,一个同学与外班同学发生了口角,继而动了手,事后受到领导的严厉批评,这个学生不服气,因为他也占点理,又为了集体荣誉,觉得委屈。我找到他,首先肯定了他有理的地方,同时指出了他做法上的错误。这样谈,他心服口服,问题也就解决了。

3. 主客法

主客法就是在和学生谈话时要注意选择环境地点。也就是要选择那些适宜说服人的环境地点,要以我为主。著名心理学家拉尔夫曾经做了一个试验:把一群学生按支配能力——即影响别人的能力,分成上中下三等,然后每等各取一部分组成一个小组,小组中的一半安排在支配能力高的学生寝室里,一半安排在支配能力低的学生寝室里。拉尔夫发现,讨论的结果总是按照寝室主人的意见行事,即使主人是低支配能力的学生。由此可见环境是何等重要。教师谈话也要善于利用这种环境优势来说服学生。所以,我与学生谈话时,就把学生请到家里来,充分利用居家优势。这样做,往往收到不错的效果。

4. 间接法

一般说来,谈话都是师生间的直接交谈,但有时也可以间接地进行,找一个学生最信任的同学或老师去跟他谈,这样也可收到奇效。心理学家哈斯说过一段非常有道理的话:"一个造酒厂的老板可以告诉你一种啤酒比另一种好,但你的朋友,不管是知识渊博的,还是学识疏浅的,却可能对你选择哪一种啤酒具有更大的影响。"这就是人都具有相信"自己人"的潜在心理。

有一次,班上要组织报名参加运动会,一个男运动员扬言他不报名,怕耽误学习。听到这个情况后,我有意识地通过他的一个好朋友去作他的动员工作,果然他报了名,而且取得了较好的成绩,为集体争取了荣誉。

5. 缓冲法

有时与学生谈话会遇到困难,这时我不靠班主任的权威强加于人,而是作适当的让步,说一些诸如"我理解,我在你这么大时也……"或"也许我处在你那样的情况下,也会冷静不下来,甚至不如你……"之类的话。设身处地为学生着想,这样你尊重了学生的感情,学生也会尊重你的谈话。让一步是为了进两步,是为了解决问题。如果这样还不行,谈话越来越激烈,这时就不要急于求成,缓冲一下气氛,转移一下话题,找个台阶下,暂时停下来,找机会再说。我曾就一个比较棘手的问题,找一个学生谈了三个晚上,才算解决了问题。

6. 暗示法

对中学生的早恋问题,回避不得。班主任要正视这一问题,更要正确对待、正确处理这一问题。所以找学生谈话时也不能像别的问题那样单刀直入。这样的问题,学生是上瞒家长、老师,下瞒同学,更反对老师在班上公开讲,对老师不分场合地公开他们的秘密十分反感。要正确处理好这类问题,需要老师选择适当的时机,用暗示的方法,在不伤害学生感情的前提下,引导男女同学正常交往。

我班一个男生在一段时间内精神恍惚,不大合群。继而我发现这个学生的来信较多,有时一周两封,信封字迹一样,没有发信人地址,只写"内详"字样。经过几个老师分析,认为他有可能是在谈恋爱。于是我找他谈话,不直接指责他谈恋爱问题,而是举了已经毕业的两个不错的同学的例子,他们就是因为陷入早恋,而使学习成绩下降,以至高考落榜,痛悔不已。他听了后似有感触,主动把他交朋友的事跟我说了,我答应给他保密。以后他的心情逐渐开朗起来,学习成绩也明显上升了。为此,他很感激老师在帮助他解决问题的同时,不使他丢面子,也没有引起同学的议论。

7. 反复法

思想工作要反复做,甚至是不厌其烦。我的班上有个十四岁的男生,按正常年龄来讲,他应该念初二。在十六七岁的高中生中间,他处处像个孩子,不懂规矩,不能约束自己。上课时脖子上像装上了个轴,自习课时,椅子上像是铺满了蒺藜。对这样的学生,我采取的方法是,每次谈话时间不长,但次数频繁,谈一次解决一个问题,不怕他反复,在反复中发现他的进步,边批评边鼓励。两年来,我与他进行了三十几次谈话,终于使他有了明显的进步,自制能力也大大提高了。

8. 自责法

所谓自责法,就是教师在失误时,要勇于向自己的教育对象承认错误,进行自我批评。教师非圣人,在工作中出现偏差是难免的。关键是在出偏差后,万不可自以为是,否则将会处于被动地位,失去学生的信任。例如,一次晨检中一个学生迟到了,正值学校进行纪律教育,于是我

189

在班上狠批了他一顿,并扣上了"无组织、无纪律、自由散漫"的的帽子。后来,这个学生找到了我,委屈地说,早上他打针去了,不愿耽误上课时间。了解到真相后,我做了自我批评,并在班上做了说明,挽回了影响。学生颇受感动。所以在与学生谈话中,自责亦很重要。

掌握师生沟通的技巧

沟通,对于师生交往来说,是必不可少的。顺畅而有效的师生沟通,能帮助教师更好更快地在学生中树立威信。

我们说的沟通是心灵上的沟通。能不能做到这一点,陶行知先生是这样告诫我们的:"我们必须会变小孩子,才配做小孩子的先生。"也就是说,我们要和孩子有一样的想法、看法,有和孩子一样的喜怒哀乐,和孩子有心与心的交流,这才是心灵上的沟通。只有这样,你才懂得孩子为什么事情而激动,为什么事情而苦恼,为什么事情而兴奋不已,为什么事情而废寝忘食。同时,也会发现他们的创造力是多么的出乎你的意料,他们的内心世界是多么的丰富多彩,他们的思想感情是多么的真挚赤诚,他们的兴趣是多么的广泛,他们对自己的爱好是多么的痴迷……当我们真的用心置身于孩子中间时,连我们自己也变得纯真起来。只有在这种情况下,我们才可能与孩子有共同语言,我们实施的教育才可能发挥作用。

沟通的方法之一是以朋友似的平等身份与孩子聊天。

我时常跟学生聊天,一天上操前,我对一个淘气包开玩笑说:"这几天,我觉得你挺消停,怎么变得这么老实了?"他一听,立刻微笑着做了一个很绅士的动作,微微弓下身,把右手放在胸前,说道:"承蒙您夸奖,鄙人不胜感激,您多多栽培!"我听后哈哈大笑,说:"你才四年级,说话竟出口成章,这么振振有词,少见,少见哪!"我们谈得十分投机,招来许多同学一起聊。这样的聊天,孩子觉得对他们是一种尊重,客观上也起到增进师生感情的作用。聊天时老师不会有课堂上的威严,学生在和老师亲密的交谈中能够说出自己的心里话,敢于提出自己的要求,谈出自己的看法。老师也能够从孩子的话中了解许多情况,使自己的工作更加有的放矢。经常和孩子在一起,就会理解孩子,遇事也不会大惊小怪。一天中午吃饭时,一个孩子吃完了,说了句:"土耳其浴池。"话音刚落,三个正在吃饭的淘气包不约而同地唱起来:"鸳鸯茶呀,鸳鸯茶呀,你爱我呀,我爱你呀……"开始我一愣,莫名其妙,怎么回事? 再一想,噢,这是《虎口脱险》电影中对暗号的情节,也就不以为然了,平静地告诉他们:"接着吃饭!"三个人又马上埋头吃了起来。如果不理解孩子,就会认为他们不正常或者是恶作剧。

要想做到和孩子达到心灵的沟通,很简单,就是心里有学生。我们的心里每时每刻都在期盼着孩子的进步,每时每刻都在等待着孩子的成功,每时每刻都在关心着孩子的情绪,每时每刻都在寻找着孩子的闪光点,每时每刻都在了解着孩子的愿望和需求……

和孩子们一起活动,包括少先队活动、班级活动、课间活动等。活动前,师生一起商讨活动的设计和活动的准备;活动中,师生共同参与,一起经历活动的过程;活动后,共同总结活动的收获,分享活动的欢乐。这是学生终生难忘的。学生在活动中能够显示出个人的智慧才能,在活动中,老师特别能够起到指导者的作用,得到孩子们的信服和喜爱。

如果教师有和孩子沟通的愿望,就会创造出无数的与孩子沟通的渠道和方法。我和学生进行沟通的方式是多种多样的。比如,通过学生记分册上的评语,通过给学生作文和日记里的批语,通过学生自制的个人"闪光卡"上写的"老师眼里的我"的栏目,特别是我和学生互赠的新年贺卡与生日贺卡以及毕业留言等,都成为我们师生之间、同学之间进行情感交流、心灵沟通的很重要的方式了。就是对待一年级的孩子,我也是非常认真的。

有一次,我请一年级的学生家长来班里听课。一位家长看到自己的孩子在班上做题虽然很慢,但老师也一直耐心地等着他做完,再进入下一个教学步骤。这位家长很受感动。第二天他让学生给我带来一封信,在学生写作业的工夫，我打开信来看，当我看见他写道"您真不愧是一名共产党员"时，马上解释说："你爸爸误会了，我还不是共产党员。"同学们一听我还不是党员，都惊讶而失望地说："哟——您不是啊！"接着，就有孩子举手，对我说："您写入党申请书了吗？"我说："写了。"她认真地又加了一句："您最好再写一份交上去，万一人家忘了呢！"我说："党组织不会忘记的。不过，为了表示我的决心，可以再写一份。"另一个孩子说："您要严格要求自己。"我听后，觉得这是孩子对我的真诚关心和帮助，所以我认真地告诉他们："我是在严格要求自己，我在努力工作，用实际行动争取入党。你们看，教室前边的'好好学习，天天向上'的大字，是我在这个星期日来学校加班写的剪的，我不但给咱们班剪了，还给别的班也剪出来了。你们看，我的手指都被剪子磨出泡来了。"孩子们听后，不约而同地鼓起掌来。他们要求我什么时候入党了，一定把喜讯告诉他们。我答应了。不久，我入党的愿望实现了。我也守信用告诉了他们。他们欢呼、鼓掌，说："祝贺老师！"紧接着还说："您要再接再厉，戒骄戒躁，争取更大的进步！"我发自内心地说："谢谢！谢谢大家对我的关心和鼓励，我一定记住大家的话，好好工作，不断进步，争取做一个好老师，争取做一名优秀党员。"我感到，我和孩子们真的像朋友一样，我们互相为对方的进步而高兴，我们互相真诚地关心着对方。我也从这些真挚的关心中获得了幸福和温暖，从中汲取了智慧和力量，当然，也树立起了自己的威信。

"民主"与"专制"相得益彰

　　一个有威信的教师理当是一个具有"民主"精神的教师，一个有威信的班主任理当是一个有"民主管理"思想的班主任。民主，是我们这个时代的特征和社会发展的潮流。

　　但是，光有民主是不够的，一个教师和班主任要想树立和提高自己的威信。就必须"两手抓",让"民主"和"专制"相得益彰。

我们来看下面这个案例:

在高中担任班主任,常会遇到这样一些问题:学生似乎不像初中生和小学生那样买老师的账,他们不再随意表态同意老师"为你好"的说法,一项在班主任看来是有益的举措往往在班级执行不下去,为班级辛苦操劳的老师常常受到学生负面的评价,学生似乎更加善于利用网络武器对付自己的老师……这些问题给班主任工作的顺利开展带来了很多困难,很多班主任在班级管理中往往陷于"硬也不是,软也不是"的两难境地。

究其原因,不外乎两点:学生的价值标准是多元的,教师的价值标准是单一的;学生的诉求世俗而不自知,教师的诉求也世俗而不自知。于是,对老师而言,在班级管理中就牵涉怎样处理"宽"和"严"之间的关系问题,也就是"民主"与"专制"之间的关系问题。

当代学生大体上没有受到良好的民主教育,故大多缺乏真正的民主精神。在他们的成长过程中,家庭教育大多走过了一条曲线:幼儿期放任自流,童年和少年前期严加管束,少年后期和青年初期软硬兼施或放任自流;学校教育表现为小学、初中阶段采取强制教育,高中阶段采取淘汰教育;社会教育则表现为由穿上外衣的社会教育渐渐地向裸体的原生态的社会教育过渡。

那么,他们所受的教育是专制的吗? 答曰有一点。幼儿期放任自流的家庭教育造成了孩子规则意识的缺失,也造成了孩子是非观念的缺失。小学和初中阶段严加管制的家庭和学校教育,由于很少有一套具体细致的规则体系和育人目标,造成了学生与家长和老师之间的矛盾。他们沉浸在对幼儿期"美好"经历的回忆中:孩子说我的童年是多么快乐、自由;家长说我们的孩子小时候是多么可爱;老师说这些孩子小时候一定不是这样。"严"字当头的家长和老师们渐渐发觉,随着孩子的一天天长大,"严"已经不管用了,孩子已经"压"不住了,但是好在孩子也初中毕业了,到了高中,孩子也该懂事了,就不用家长和老师操那么多的心了。

可是高中教师却叹息:现在的高中生素质真是差,不会学习,不会劳动,不会感恩,不会自制,甚至于不会玩耍。高中生怎么评价自己呢?大致描述如下:我已经大了,你那套我已经很烦了,不要再拿管小学生的一套来管我,该怎么做我心里有数。你们所有的教育不就是要我多考几分吗?我只要好好学习,一定能满足你们的要求,不要老在我面前唠叨;我怎么处处不如别人啊,学习不好,长得也这么难看;我虽然学习不好,但是我在班级的人缘还是很好的;我将来是要上大学的,现在不能这么浪费时间……显然,学生和老师之间存在着认识上的鸿沟。

民主意识较强的老师从尊重学生个性出发,在班级管理中充分听取学生的意见,对于违反校纪校规的学生,倾听他们的解释,相信他们的陈说;对学生关于老师的负面评价,采取有则改之、无则加勉的原则;尊重学生反对有事就找家长的心理;对学生采取赏识教育,批评学生也一定是和风细雨式的,绝不用有伤学生自尊心的语言;在学生与任课教师发生争执的时候,尽量做到一分为二、不偏不倚;在与学生交往中总是平等对话,绝不把自己的意志强加给学生……这样的老师管理班级会出现什么样的结果呢?一言以蔽之:把学生"尊重"得不成样子了。纪律涣散,环境混乱,人心不齐,是这种所谓"民主治班"的必然结果;管理不力,性格软弱,效果太差,不堪重任,是学生对这种老师的总体评价;讨好学生,迁就学生,不善治班,没有作为,是任课老师和学校对这类班主任的总体印象。这样的"民主"岂不是疤子眼照镜子——自找难看?这样的教师又岂有丝毫威信可言。

种种情况表明,教师在行使国家赋予的教育权力的时候最常用的手段应该是"专制"而不是"民主"。但是,这里的"专制"之所以被加上引号,是因为它不是传统意义上的"家天下"、"一言堂"式的专制,而是在民主精神光辉照耀下的"专制"。"专制"的产品恰恰是"民主"而不是奴性,这需要教师首先是有民主思想的教师,是对自己从事的教育事业和自己的教育教学手段充满自信和智慧的教师。

首先,作为班主任,我们应该充分认识到学生的散漫、懒惰和拒绝管束不是出于对自由和民主的追求,而是意志薄弱、没有理想、自私自利、缺乏规则意识和责任心的表现。民主的概念到了高中生那里是"我主",自由的概念到了高中生那里是"老子天下第一",随心所欲,想干什么就干什么。他们没有认识到自由是规则范围内的自由,民主是为大多数人也是为自己谋福利的民主。孔子倡导"己所不欲,勿施于人",现代社会更应该倡导"己所欲"也未必就可以"施于人"。当我们向学生灌输这些做人理念的时候,必须采取"专制"的手段,不必尊重所谓的"个性",否则就会把他们"尊重得不成样子了"。

其次,我们应该充分认识到每一个学生从他们的切身利益出发,是需要管束、渴望管束的。

他们正处在成长的关键时期,他们自知会经常说错话、做错事、走弯路,甚至会犯不能原谅的错误,因此他们的内心是需要有人理解、有人提醒的,他们渴望有人拉一把、扶一下,特别是在迷惘或困惑的时候,有人能给他们指明方向。如果没有别人的约束和管教,他们深知是长不大、走不好的。

第三,我们必须坚信强力的教育必然能够产生强力的效果。教育不是万能的,但是没有教育是万万不能的。"严师出高徒"的古训在当今社会里仍然有着不可估量的价值。我们在学生面前败下阵来,往往不是学生太厉害,而是我们太胆怯了。很多时候只要我们再坚持一下,学生就会跟我们走。

第四,我们应该在行使班主任权力的时候,明确地认识到为了捍卫教育的尊严有必要剥夺一部分学生的所谓"权利"。我们知道,当代学生维权意识很强,他扰乱了课堂纪律还不允许老师利用上课时间对他进行个别教育,他说这是剥夺了他学习的权利,他可以去上告。如果是一个不够自信的班主任,就会被这股歪风邪气压倒。此时,我们恰恰应该认识到,教育是有尊严的,规则也是有尊严的,班主任剥夺他的上课权利恰恰是捍卫了教育的尊严和规则的尊严。

第五,班主任的民主精神应该体现为公平与公正。所谓公平,就是班主任的教育应该面向全体学生,为全体学生服务;就是班主任对学生的处理应该合乎规则,在规则面前一视同仁地对待学生。所谓公正,就是班主任的工作应该遵循在对集体有利的基础上对个人有利的原则;应该对所有的学生不抱成见,一分为二地看待每一个学生;应该匡扶弱者和正义。

第六,班主任的民主精神应该体现为明了每一个学生个性的客观发展要求,帮助每一个学生进步。每一个人都是一个生动活泼的个体,因此每一个人都有其长处和短处。了解学生的特长,为学生经营特长出谋划策、提供有利条件,是班主任的分内之事。

第七,班主任的民主精神应该体现为班级所有的规章制度都要遵循"从学生中来,到学生中去"的原则。根据班级实际情况,在倾听大多数学生呼声的基础上制定规则,就是"从学生中来";通过民主选举,推选出强有力的班干部,充分依靠大多数学生保证规则的约束力,就是"到学生中去"。

第八,班主任的民主精神应该体现为以身作则。身教重于言教,不以权威自居,常作自我批评,恪守诺言,谨慎行事……凡此种种,都会对学生产生潜移默化的有益影响。

总之,在班级管理中,平衡好发扬民主与严格管理二者间的关系,更有利于教师和班主任威信的树立和提高。

严格课堂纪律和班级守则

纪律是一种规则和规范,是学生对权利的追求和权利在课堂中的体现。

作为教师和班主任,为了树立自己的威信,就必须严格制定和执行课堂纪律与班级守则。

曾在网上拜读过一位班主任写的文章。

班主任的工作是在贯彻教育方针政策,更是在验证自己的教育魅力和人格魅力。有什么样的班主任就有什么样的班风和学风。人们将班主任分成这样几种类型:保姆型、朋友型、放羊型、水乳型等,而在实际管理中,大多数班主任使用的都是保姆型,将自己当作主体,将学生当作客体和活容器,干涉多,灌输多,管束多,惟恐出乱子,使学生自我表现空间狭小有限,心灵处于戒备状态,甚至会扣上全部纽扣,整个封闭起来。班主任天天盯着学生,什么事情都不放心,学生的自我管理能力和潜能完全被束缚被局限,有的班级成员还成为管理的阻力,增加了管理的难度。班主任老想着法对付学生,内心又怎能不累?班主任只顾"管"而不顾"理",没有"梳理"、"调理"意识,造成了管理思想和管理手段的滞后。

很多了解中小学班主任工作难处的人都说,中小学班主任是"在夹缝中生存,在崩溃边缘中行走"。很多班主任也说:"我最大的愿望就是下学期不再当班主任了!"一所普通中学的李老师告诉记者:"这么多年的班主任,我已经当怕了,每天像上满了弦一样,再不停下来我就要崩溃了。"

超负荷工作让班主任疲于应付,不合理的教师评价体系把班主任逼上反教育的境地,学生的状况和心态又给班主任工作增加了无限的难度。上述案例给我们提出了一个这样的问题:班主任究竟怎样当?如何摆脱老师管得雷厉风行,学生却是无动于衷,老师管得累,学生们觉得烦的情况?班主任怎样从"保姆型"转变到"朋友型"、"水乳型"?其实,教师"管"学生,主要形式是规则与纪律管理。如果把规则纪律管理与学生的自管自律结合起来,教师就不但能从上述状态下解放出来,而且更容易树立自己的威信。

从一般意义上说,纪律是一种规则和规范。纪律依据规范所规定的标准与要求而制定,遵守纪律,可以形成规范。纪律具体体现在规则之中,执行规则就是遵守纪律。强调纪律就是强调规则、形成规范。

往深处讲,纪律是学生对权利的追求和权利在课堂中的体现。"肯定型纪律"的倡导者坎特认为,学生有权要求教师帮助他们在平静、安全的环境中学习,有权要求在教师教学过程中没有破坏行为。为此,需要一些限制手段,以支持他们正确的要求,而设置并加强这些限制正是教师的责任之一。由此看来,纪律并不都是外在的附加,而是学生内在的需求;重视纪律,实质上,是尊重学生对权利的需求,就是尊重学生的权利;学生守纪意味着自己对自己权利的尊重,意味着学生在课堂上尊严地生活。

1. 明确制定纪律的目的

（1）纪律是为了培植和形成学生对规则的认同感。

纪律与规则是孪生兄弟。活动必须有规则,有学习活动就要诞生学习规则。有了规则,活动才会有序和有效。纪律就是对规则的认同和对规则的行为化。要求学生守纪,就要培养规则意识,形成良好的行为规范。同时,逐步培育起诚信的品格,促进学生人格的完善。

（2）纪律是为了培植和形成学生对集体的归属感。

纪律总是与集体联系在一起。几乎所有的学生都有一种强烈的愿望,希望成为自己班级中重要的一员。如果教师和班级中的其他成员给予重视和尊重,并在活动中包容他们、平等地对待他们,那么他们就会找到这种归属感。而当学生无法在班级中获得这种归属感时,他们经常转向错误的目的。因此,要求和帮助学生守纪,让学生获得并保持这种对集体的归属感,使自己的行为指向正确的目的——遵守集体的纪律,关心集体,维护集体,成为集体中的重要一员。

（3）纪律是为了使课堂变成安全、有序的场所。

教学必须有令人舒畅的课堂环境,为了维护这样的环境,教师必须不断影响学生,引导他们对行为负责并积极交往,这种影响被称之为纪律。同时,教师还应该让学生知道纪律不是强加给学生的。可见,纪律是课堂环境的支持性、保证性因素,心理学家弗雷法利克·琼斯研究认为,正常的情况下,教师会因学生的违纪失去*50%*的课堂教学时间。纪律有利于创造就良好的课堂,保证教学任务顺利完成,提高教学的效率和质量,并且有管理课堂的重要价值。

（4）纪律是为了给学生带来真正的快乐和自由。

违纪行为是怎么产生的？有研究认为,只有当人感到麻烦时,才会有问题存在,即发生违纪行为。反之,消除人的烦恼,解除人的麻烦,就会自觉地去守纪。纪律带给人的不应是束缚和制约,而应该是自由和快乐,进而让学生在良好的氛围和状态中去想象和创造。纪律不应和抑制创新划上等号,规范也不应视同于迫使学生就范。那种纪律只是为了控制和规范的看法,其实是对纪律缺乏深层次的理解。

纪律是永恒的,无论是过去和现在,还是未来,都应有纪律存在,都要关注纪律、建设良好的纪律,新课程所追求的课堂教学同样如此。新课程只讲学生的解放而不求对学生的规范,只讲自由、轻松,而不求严格遵纪,是对课程的误解;课堂应当在解放与规范、自由与严格中求得平衡,这种平衡在一定程度上体现在课堂新纪律、新秩序上。

2. 师生共同制定课堂纪律

(1)课堂规则应由教师和学生充分讨论,共同制定。

因为课堂规则不是目的,只是手段。由学生参与讨论而制定的课堂规则,会在很大程度上满足学生的需要和愿望,容易被学生接受和内化,从而自觉遵守课堂规则。因此,教师应提供机会让学生参与制定课堂规则,但在确定所期望的学生课堂行为标准时,教师要考虑这样几个问题:所确定的行为要求是否有利于学生的身心发展? 行为要求是否影响课堂秩序和学生的学习? 行为要求是否体现了对学生的尊重? 行为要求是否切实可行? 行为要求是否具有改变或修正的可能性? 等等。

(2)课堂规则应少而精,内容表述以正向引导为主。

课堂规则应是所有学生均应共同遵守的课堂行为规范与要求,因此应尽量制定出最简明、最基本、最适宜的规则。一般以 5~10 条为宜。琼斯等人研究指出,主要指向惩罚的规则常常会引导学生关注消极方面,反而淡化学生的积极动机与态度,从而进一步强化低水平的道德发展,无助于发展学生高水平的、具有社会价值的道德水准。可见,消极、负向的课堂规则不利于课堂学习纪律的管理。因此,在制定规则时应坚持正面表述为主,多用积极的语言,建立良好课堂行为的积极的正向强化,这有利于产生"教师期望效应",从而会促使学生积极主动自觉地遵守课堂规则。

(3)课堂规则应及时制定、引导与调整。

教师应抓住一学年开始的机会制定课堂规则,并引导学生如何遵守课堂规则。依伏特逊等人认为,一学年的开始几周,在决定这一年学生在课堂中如何和教师、同学相互交往方面起着重要的作用。

良好的课堂纪律管理应该是自觉的纪律教育,它具有以下特征:第一,尊重学生人格,尊重学生自尊心,严格要求学生与尊重学生人格相结合。第二,积极引导学生自己管理自己以积极的纪律教育为主。第三,培养良好的纪律行为为主,惩罚不良行为为辅。第四,实行民主管理,注重教师的主导作用与学生的主体作用的有机结合。

3. 师生共同制定课堂纪律,要遵循青少年心理发展的特点

青少年心理发展特点表明,青少年的行为动机具有冲动性,同时具有逆反心理,情绪化较强,越是强加给我的越是违犯。因此,制定纪律时要充分发挥教师"引"和"导"的作用,使学生懂得遵守纪律的重要性,激发学生的内在动力。这样,也更容易树立教师自身的威信。